马克思主义视域下
凯·尼尔森激进平等思想研究

李金刚◎著

中共中央党校出版社

图书在版编目（CIP）数据

马克思主义视域下凯·尼尔森激进平等思想研究 / 李金刚著. -- 北京：中共中央党校出版社，2023.12
ISBN 978-7-5035-7619-5

Ⅰ.①马… Ⅱ.①李… Ⅲ.①凯·尼尔森—平等—思想评论 Ⅳ.① D081

中国国家版本馆 CIP 数据核字 (2023) 第 195225 号

马克思主义视域下凯·尼尔森激进平等思想研究

策划统筹 郭海涌
责任编辑 郭海涌 曾忆梦
责任印制 陈梦楠
责任校对 李素英
出版发行 中共中央党校出版社
地　　址 北京市海淀区长春桥路6号
电　　话 （010）68922815（总编室）（010）68922233（发行部）
传　　真 （010）68922814
经　　销 全国新华书店
印　　刷 天津画中画印刷有限公司
开　　本 710毫米 ×1000毫米 1/16
字　　数 134千字
印　　张 11
版　　次 2023年12月第1版 2023年12月第1次印刷
定　　价 68.00元

微 信 ID：中共中央党校出版社　　**邮　　箱**：zydxcbs2018@163.com

前　言

“平等”是社会主义核心价值观的重要组成部分，是社会主义的本质要求。随着我国经济实力的增长，平等的价值越发彰显。党的二十大报告中多次强调“平等”，包括提供平等的就业机会，坚持男女平等的基本国策，处理国际关系中强调大小国家一律平等，建立平等的全球伙伴关系，把平等作为政党交流的基本原则等。这表明党和国家高度重视平等理念。为什么“平等”这个问题这么重要？原因就在于平等直接关系到公平正义，可以说平等是公平、正义的前提。党的二十大报告提出“构建初次分配、再分配、第三次分配协调配套的制度体系”①，多次强调维护社会公平正义和国际公平正义，维护公平正义的前提就在于全体人民具有平等的权利、世界各个国家都具有平等的合法地位。

凯·尼尔森（Kai Nielsen），加拿大学者，西方马克思主义的杰出代表，经历过二战的洗礼，也经历了战后北美社会的深刻变革。身处资本主义旋涡中的尼尔森，看到了资本主义世界的诸多不平等现象，以及资本主义的道德沦丧和资本引起的人与社会的异化。20世纪80年代，分析的马克思主义实现了政治哲学的转向，各类政治哲学、道德哲学著作纷纷涌现。在批判和借鉴“旧

---

① 习近平：《高举中国特色社会主义伟大旗帜　为全面建设社会主义现代化国家而团结奋斗——在中国共产党第二十次全国代表大会上的报告》，人民出版社2022年版，第47页。

式平等主义”、精英主义、自由平等主义以及批判诺齐克等人的反平等主义思想的基础上，尼尔森构建了自己的激进平等理论。尼尔森把自己的平等思想叫作激进平等主义，因为他认为其平等主张相对于罗尔斯等人的平等思想更为激进。他强调更大范围更高层次的平等。更为重要的是，他认为其平等思想是能运用于未来社会的理论。当今世界，不公正、不平等问题依旧突出，因此，系统解读尼尔森的激进平等思想，具有重要的现实意义。

当前，国外学者对尼尔森的激进平等思想主要持批判、怀疑或否定的态度，将其视为“想象的主体现象的理论”；国内学者对尼尔森激进平等思想的研究，主要还停留在翻译和介绍层面——或从正义观维度解读其主张，或从历史唯物主义维度审视其思想，但总体显得零散或片面，系统解读和评述尼尔森激进平等思想的成果并不多见。由此，在全面解读、系统梳理尼尔森激进平等思想的基础上，以历史唯物主义为评价“尺度”，分析其不同程度的进步性和局限性，并阐发其对于当今时代的现实意义，便构成了本书的写作旨趣和研究主线。

导论部分主要介绍了写作的缘由和意义，梳理了国内外对尼尔森激进平等思想的研究现状，阐明了本书的研究内容和创新点。首先，尼尔森的激进平等思想填补了建构未来社会平等思想的空白；其次，尼尔森的激进平等思想对当代世界和中国的平等理论和平等实践具有参考或借鉴作用。

第一章主要介绍尼尔森激进平等思想的源起，解决尼尔森为什么要提出和构建激进平等思想或者说他提出激进平等思想的背景的问题。一方面，尼尔森对北美乃至世界社会发展状况有深入的了解，对存在的大量不平等的现状表示不满，萌发了想要改变这一现状的想法；另一方面，尼尔森在仔细研究当代北美乃至世界平等和反平等理论（特别是罗尔斯和诺齐克的理论）的基础上，发现这些理论均不够理想，于是，在吸收马克思主义部分思想的基础上，构建了自己的激进平等主义。

第二章主要介绍尼尔森对激进平等相关理论的扬弃，包括应得理论、“旧式平等主义”、精英主义、自由平等主义，以及以诺齐克为代表的反平等主义思想等。他并不赞成完全抛弃应得观，认为应得在产品分配中应该占有一席之地；“旧式平等主义”所提倡的平等还是低层次的平等，精英主义虽然宣扬英雄史观，但是主张机会平等，虽然机会平等难以变为现实，但为我们提供了一个标杆；罗尔斯把平等提到了一个新的高度，但是他的“第一原则”和“第二原则”存在着明显的冲突；德沃金主张一种抽象的平等主义，与尼尔森主张的实质平等格格不入，罗尔斯和德沃金代表了资产阶级的温和派，主张在资本主义制度框架内实现最大限度的平等；诺齐克是一个彻头彻尾的反平等主义者，主张权利至上，是为资本主义既得利益者进行辩护。

第三章主要介绍尼尔森激进平等思想的主要内容，涉及尼尔森对平等、平等主义、激进平等主义的理解，激进平等主义的四个观念、两个正义原则以及对这四个观念和两个正义原则的阐释。本书对尼尔森的观点进行了总结：一切人都是平等的，这是激进平等主义的出发点。每个社会成员享有平等的道德自主和自尊。激进平等主义在一个无阶级、无地位差别的社会，未来高度发达的、民主的社会主义社会或者共产主义社会是可能实现的。激进平等主义要使每个社会成员在产品分配中最大限度获得满足，要使每位成员生活前景平等，最终目标是实现经济平等和实质平等。平等是正义的首要之义，平等与自由是相兼容的。激进平等主义的实现需要提高无产阶级的阶级意识，需要“道德权威”。

第四章以历史唯物主义为参照，衡量激进平等主义的进步性和局限性，并分析其背后的深层原因。激进平等主义具有广泛性、差异性和实质性的特点，凸显经济平等，尤其重视每个社会成员总体生活前景的平等；激进平等主义旗帜鲜明地反对平均主义，不仅要求财富和利益平等分配，还要求责任共担。尼尔森对激进平等主义社会的实现持怀疑态度，夸大了阶级意识的能动作用，高估了“道德权威”的权威，把功利主义运用于激进平等的社会，对生产中的平等问题未予以充分的重视，导致激进平等主义的构想缺乏可操作性。究其原因，他没有把握人类社会的发展规律，没有把人民群众看作历史的创造者，进而导致英雄史观；他对社会意识与社会存在的关系认识不到位；另外，“反思平衡”的方法本身是不科学的。

第五章主要讨论激进平等主义的当代意义和启示。党的二十大报告中指出：“我们要拓展世界眼光，深刻洞察人类发展进步潮流，积极回应各国人民普遍关切，为解决人类面临的共同问题作出贡献，以海纳百川的宽阔胸襟借鉴吸收人类一切优秀文明成果，推动建设更加美好的世界”①。马克思主义中国化包括毛泽东思想、邓小平理论、“三个代表”重要思想、科学发展观和习近平新时代中国特色社会主义思想，这是我们的指导思想；马克思主

---

① 习近平：《高举中国特色社会主义伟大旗帜　为全面建设社会主义现代化国家而团结奋斗——在中国共产党第二十次全国代表大会上的报告》，人民出版社2022年版，第21页。

义在西方的发展呈现出零散化、碎片化等特征。甚至一些声称马克思主义的西方学者其实从根本上偏离了马克思主义。如何看待西方马克思主义事关正确坚持马克思主义的问题，对西方马克思主义必须批判性借鉴和吸收。激进平等主义虽然存在一定的理论局限，但对于推动人类社会向着更加平等的方向发展来说，无疑具有一定程度的前瞻性。尼尔森的激进平等思想是为未来社会所构建的一种平等理论，是发展马克思主义平等理论的一种尝试，为促进世界平等提供了一些理论参考。平等的实现程度必须与生产力发展水平相适应。我们要正确处理平等与自由、平等与正义的关系，把实质平等作为全人类共同奋斗的目标。

目 录

导 论

一、写作缘由与写作意义

（一）写作缘由

平等，是有史以来人们一直追寻的目标，也是人类社会永恒的话题。平等是政治哲学研究的一个重要范畴，也是政治哲学中的一个热点。随着科技革命向纵深发展，整个人类社会向前发展，生产力发展水平有较大的提高，科技进步更是日新月异，物质财富更加丰富，人们对平等问题的思考也越来越多。在古代，孔子就认为："有国有家者，不患寡而患不均，不患贫而患不安。"①"不患寡而患不均"的思想对中国社会影响很大，积极的方面在于过度的贫富悬殊会影响社会的稳定，消极的方面在于在生产力比较低下的时代，过度强调平均将不利于生产力的进一步发展。康有为在《大同书》中希望实现"人人相亲，人人平等，天下为公"的美好社会。②特别是近代以来，从卢梭《论人与人之间不平等的起因和基础》和皮埃尔·勒鲁《论平等》开始，对平等问题的探讨越来越多。

在当代社会，由于世界政治经济发展不平衡，霸权主义和强权政治在世界范围内还广泛存在，大国欺负小国，弱肉强食的现象还很突

---

① 金良年：《论语译注》，上海古籍出版社2004年版，第197页。

② 参见康有为：《大同书》，吉林出版集团责任有限公司2017年版，第183页。

出，人们要求建立新型国际秩序的呼声越来越高。资本主义国家的政府已经无法解决资本主义所固有的生产社会化与生产资料私人占有之间的矛盾，导致资本主义内部严重撕裂，不公平、不平等问题日益突出。西方国家内部促进平等的激进运动（或者叫左翼运动）层出不穷，女权运动、社会主义运动空前发展。平等主义作为一种思潮在西方世界产生了广泛的影响。

以罗尔斯、诺齐克、德沃金等为代表的西方政治哲学家提出了他们对平等问题的看法，但是，他们的观点都还被限制在“资本主义”的框框里，其目的还是维护资本主义政治体系。凯·尼尔森（Kai Nielsen, 以下简称“尼尔森”）是西方马克思主义在加拿大的一个重要代表人物，他出生于1926年，逝世于2021年4月，曾在纽约大学执教多年，后任教于卡尔加里大学并担任系主任。他作为加拿大当代著名哲学家，当代无神论的倡导者，曾经是加拿大哲学学会会长，《加拿大哲学杂志》创始人之一，终其一生，发表了500余篇论文，出版了30多部著作。他有两部著作被翻译为中文，即《马克思主义与道德观念——道德、意识形态与历史唯物主义》（*Marxism And The Moral Point Of View*：*Morality, Ideology, And Historical Materialism*，由清华大学李义天教授翻译，以下简称《马克思主义与道德观念》）和《平等与自由——捍卫激进平等主义》（*Equality and Liberty*：*A Defense of Radical Egalitarianism*，由北京电子科技学院傅强翻译，以下简称《平等与自由》）。在《平等与自由》一书里，尼尔森在批判罗尔斯、诺齐克、德沃金等人平等思想的基础上，提出了激进平等主义，试图运用马克思主义的基本原理和方法，利用历史唯物主义原理，来建构自己的激进平等思想，以期为未来社会提供一些基本原则和根本遵循。尼尔森的激进平等思想有许多可取之处，比如对激进平等的实现条件的界定，对人们总体生活前景和实质平等的重视，反对平均主义，强调利益共享和责任共担，对平等与自由、正义的关系都有很重要的见地，但是他对未来平等社会的实现的必然性持怀疑态度，夸大了意识的能动作用，寄厚望于道德权威，把功利主义用于共产主义社会的分配，未正确把握人类社会发展的规律等，这些方面表明他没有彻底坚持历史唯物主义，在方法论上所使用的反思平衡方法也具有局限性，导致他甚至滑向了历史唯心主义的泥潭。站在经典马克思主义的立场，用经典马克思主义的方法和视野来审视尼尔森的激进平等思想，剖析其实质，目的在于弄清尼尔森在哪些方面坚持了马克思主义的平等观，哪些方面误解和歪曲了马克思主义的平等观，以期还原尼尔森平等观的本来面目。

（二）写作意义

习近平总书记在纪念马克思诞辰200周年的讲话中指出，“马克思主义第一次站在人民的立场探求人类自由解放的道路，以科学的理论为最终建立一个没有压迫、没有剥削、人人平等、人人自由的理想社会指明了方向”①，这表明平等是马克思一生追求中的一个重要方面。在学者段忠桥看来，“社会主义优于资本主义的一个重要方面就在于它更平等”②。平等是社会主义的一个显著特征。习近平总书记说：“第二次世界大战结束后，一大批获得独立和解放的民族国家建立起来，彻底瓦解了帝国主义的殖民体系，世界各民族平等交往、共同发展展现出

---

① 习近平：《在纪念马克思诞辰200周年大会上的讲话》，人民出版社2018年版，第8页。

② 段忠桥：《社会主义优于资本主义在于它更平等——科恩对社会主义的道德辩护》，《学术月刊》2011年第5期。

光明前景”[①]，这表明第二次世界大战后，各个国家和民族之间的平等得到了一定程度的实现，但是世界人民的平等理想的最终实现还任重而道远。当前马克思主义学界对平等的研究在中国取得了长足的发展，但是我们也有必要批判性地汲取国外特别是西方一些著名学者对马克思主义平等思想的研究成果。由于西方学者所生活的环境与我们大不相同，他们对马克思主义哲学的理解也不尽相同。马克思和恩格斯都非常关注平等问题，平等问题也是他们在理论研究中绕不开的话题。恩格斯在《反杜林论》中专门用了一节来讨论平等问题。恩格斯在批判杜林平等观基础上对平等问题进行了比较全面的阐释。他认为平等观念是一个历史的产物，受生产力发展阶段的制约，平等观念具有阶级性，不同阶级对平等的看法是不同的，资产阶级只希望在资产阶级内部实现政治平等，而无产阶级希望消灭阶级特权并且消灭阶级本身，要求实现更大程度、更大范围的平等，即社会经济的平等。马克思虽然没有用太多的篇幅专门论述平等问题，但是在马克思的著作中对平等的零散论述甚多，马克思关于平等的论述主要集中在《论犹太人问题》《哥达纲领批判》《哲学的贫困》里面。其他如在《1844年经济学哲学手稿》《资本论》等里面也有所涉猎。在《论犹太人问题》中，马克思指出资产阶级的平等只是权利平等而非事实上的平等，这是马克思平等观的萌芽，要达到真正的平等，必须实现“自由人的联合体”，真正的平等是人类本质的回归，政治解放只是一个先决条件；在《哲学的贫困》里，马克思批判了蒲鲁东的“绝对平等”的工资理论是小生产者的幻想。为什么我们必须批判蒲鲁东的平等观？其原因在于蒲鲁东反对资本主义，也反对共产主义，想用折中的方式来实现平等的

① 习近平：《在纪念马克思诞辰200周年大会上的讲话》，人民出版社2018年版，第11页。

第三条道路，实际上代表了小资产阶级的理想，是危险的。马克思认为无产阶级只有通过革命推翻资本主义制度，才能真正改变无产阶级的不平等地位；在《哥达纲领批判》中，马克思对拉萨尔主义进行了清算，指出资产阶级“权利平等”的虚假本性，权利平等只是一种形式上的平等，资本主义社会中资本家和工人事实上的不平等产生的根源是生产资料的私有制，从现实的人出发阐述了平等的阶段性意义和终将被超越的命运。从上面可以看出，马克思是在对资本主义批判的过程中形成他自己的平等思想的。马克思既批判近代资产阶级的平等思想，又批判空想社会主义者的平等思想。马克思揭示了平等是一个具体的历史范畴，提出真正的平等是要消灭阶级和建立自由人联合体才能实现。平等的实现是一个历史的渐进过程。恩格斯主要是在批判杜林的过程中形成自己的平等思想的。他反对杜林把暴力当作不平等的起源，认为平等是历史的、具体的、多元的。平等的根源是经济，是阶级，是分工。马克思主义认为，我们应该在特定历史环境下探讨平等问题，发展生产力是实现最终平等的内在动力，消灭阶级是实现全人类最终平等的必要前提，真正的平等是形式平等与实质平等的统一。由此可见，马克思和恩格斯都非常重视平等问题，他们都是用历史唯物主义的方法来看待和研究平等问题，他们的平等观就是历史唯物主义的平等观。

20世纪70年代开始，共产主义在北美地区广泛传播，左翼运动、女权运动等激进运动勃勃兴起，这一切引发了西方哲学家对平等、正义的思考，其中以柯亨、德沃金、诺齐克、罗尔斯为主要代表，分别提出了他们自己的平等理论。这些平等理论都是对时代的回应，德沃金、诺齐克和罗尔斯主要是为资本主义进行辩护，只有柯亨和尼尔森等试图站在马克思主义的高度来重新审视平等问题，其中又以尼尔森提出的平等思想最为激进。当今世界，发达国家和发展中国家之间的矛盾仍然很突出，地区发展不平衡现象依然严重。随着资本主义在世界的发展，西方反对歧视、压迫的平等主义运动此起彼伏，包括女权运动、左翼运动，反对种族歧视的斗争等。2020年5月25日，以德雷克·肖万为首的美国警察暴力执法导致黑人乔治·弗洛伊德死亡，美国和部分欧洲国家爆发了大规模的抗议示威活动。从2020年以来的新冠病毒在世界大流行，在美国和欧洲，不管是疾病治疗和疫苗分发，都出现了种族歧视等不平等现象。近两年来，欧洲国家特别是法国和英国爆发行业性罢工有数十次之多。这些罢工运动的产生其主要原因就在于社会的不平等不公正。

平等问题是近年来国家社科基金项目的一个重要研究主题。在国家社科基金项目库里搜索，可以发现关于平等主题的立项至少有130多项，分属于各种学科，主要包括哲学、法学、政治学、教育学、马克思主义理论等学科。平等问题在我国为什么受到这么大的关注，其原因在于随着改革开放的推进，我国已经有一部分人先富起来了，该是花大力气实施先富带动后富的时候了。国家近年来实施的精准扶贫、精准脱贫战略，已经让近一亿人实现全面脱贫。2021年2月25日，党中央召开脱贫攻坚总结大会，习近平总书记宣告脱贫攻坚战取得了全面胜利。我国的平等主义事业取得了伟大的成就，是世界的壮举，为其他国家树立了榜样。

近年来，国内对尼尔森的平等观的研究还主要停留在点赞、褒扬阶段，对于尼尔森平等观中的深层次矛盾和问题，学界没有足够地重视，只有零星地批判。为了科学全面认识尼尔森的激进平等思想，厘清以下问题，即尼尔森在何种意义上继承了马克思主义的平等观，又在何种意义上歪曲了马克思主义的平等观，尼尔森的激进平等主义对于当代世界有什么样的意义，对当代世界平等事业的发展有何启示。基于此，我们必须对尼尔森的激进平等思想进行深入挖掘。这也是这本著作的研究意义之所在。

二、国内外研究现状评述

（一）国外对尼尔森激进平等思想的研究

尼尔森是加拿大分析马克思主义的重要代表人物，致力于从马克思主义的视角来论述平等问题，但他远不及约翰·罗尔斯（John Bordley Rawls）、罗纳德·德沃金（Ronald Myles Dworkin）、罗伯特·诺齐克（Robert Nozick）等人著名，因此国外对他平等思想的研究不多。但自从他的两部著作被翻译成中文，其在东西方的知名度得以大大提升。美国哲学教授詹姆斯·P. 斯特巴（James P. Sterba）在其所著的《实践中的道德》（*Morality in Practice*）中，把尼尔森的“激进平等主义”作为选文选进了《收入和财富的分配》一章。斯特巴把尼尔森的激进平等主义作为社会主义平等理论的代表。他认为：“激进的平等主义之所以能得到辩护，是因为他提出了最大限度地满足每个人的需要的条件。”[①] 也就是说，尼尔森的激进平等主义是一种彻底的平等思想。斯特巴回答了尼尔森“按需分配”何以可行的问题。因为人们把工作本身作为一种需要和回报。这种理解是符合尼尔森的本来认识的。但是斯特巴认为尼尔森既支持“不受干涉的权利”（即消极权利），又支持“合作的平等关系权利”（即积极权利），这是对尼尔森的

① 〔美〕詹姆斯·P. 斯特巴：《实践中的道德》，程炼等译，北京大学出版社2006年版，第22页。

误解，尼尔森只支持“合作的平等关系权利”，正是基于这个意义平等和自由才不至于冲突。斯特巴还认为在社会主义社会，生产工具仍然可以归个人所有，只要工人们对车间进行民主管理，依然可以实现平等，但在尼尔森看来，重要生产资料（当然包括重要生产工具）必须归社会所有，一些不对其他人构成控制的家用产品是可以自己拥有的。安德鲁·列文（Andrew Levine）在其论文《反思：平等与自由》中，认为尼尔森的激进平等主义是对社会主义理论的重要贡献[①]。

对于尼尔森的激进平等思想论述较多的著作当数由罗杰·比勒（Rodger Beehler）、大卫·科普（David Copp）和贝拉·萨巴多斯（Bela Szabados）所编的《追寻理性——纪念凯·尼尔森文集》（***On the Track of Reason: Essays in Honor of Kai Nielsen***）。在这本论文集中，有三篇文章对尼尔森的激进平等主义论述较多，一篇是詹姆斯·雷切尔斯（James Rachels）的《关于平等思想的反思》，另一篇是托马斯·赫卡（Thomas Hurka）的《完美主义与平等》，还有一篇是罗伯特·韦尔（Robert Ware）的《马克思论共产主义的几个阶段》，下面分别介绍他们对尼尔森激进平等思想的看法。在《关于平等思想的反思》中，詹姆斯·雷切尔斯在一些方面赞同尼尔森的看法。尼尔森对于不同出身的孩子生活前景的不平等感到不安，詹姆斯·雷切尔斯感同身受，认为在我们当前社会环境下，也应该实现社会的更大程度的平等。他认为尼尔森在谈论功绩在分配中的作用时，陷入了一种乌托邦主义。尼尔森认为当社会物质财富极大丰富后，功劳在分配中只能扮演一个次要的角色，因为物质财富的极大丰富已经足以满足所有人的需求，某些人才能从事的特殊工作所需要的天赋和才能并不是他们

① 参见 Andrew Levine. ***Review: Equality and Liberty***, Ethics 96,January 1981,p.417.

应得的。詹姆斯·雷切尔斯认为把功绩的作用降到如此低的程度是不现实的，这样一来，很难实现社会发展的效率和效益。为了实现利益和负担的平等分配，“当我们认为有些人可能不愿意做自己的工作时，碰到了麻烦”[①]。解决这一问题的办法还得回到考虑功绩的作用，并且使用尼尔森所拒绝的精英管理。从这一点来看尼尔森明显带有乌托邦的色彩。詹姆斯·雷切尔斯对只有在社会主义社会才能实现平等表示质疑，也就是说，在他看来不一定在社会主义社会才能实现平等，平等的实现主要在于社会制度的设计。托马斯·赫卡在《完美主义与平等》一文中把马克思的道德观也归入完美主义，他说：“完美主义是我们西方传统的伟大道德之一。它完全或部分是柏拉图、亚里士多德、阿奎那、莱布尼茨、黑格尔、马克思、尼采、格林、布拉德利和摩尔等人的道德观。”[②]托马斯·赫卡同意尼尔森的观点，认为财富是导致权利不平等的主要原因。即便穷人在受奴役的环境下比在平等的环境下拥有更多的财富和资源，他们也宁愿选择拥有更少的财富而具有平等的地位。罗伯特·韦尔是尼尔森在卡尔加里大学的同事，曾经共同在卡尔加里大学教授马克思主义的课程，应该是对尼尔森的思想了解最多的，还和尼尔森合作编写了《分析马克思主义新论》。罗伯特·韦尔在《马克思论共产主义的几个阶段》一文中，批判了马克思所构想的共产主义社会和尼尔森所构想的激进平等主义社会缺乏激励机制。尼尔森认为人们会在自己的能力水平上心甘情愿、快乐地工作，但是罗伯特·韦尔认为共产主义的分配原则缺乏激励机制，是一种乌托邦。罗伯特·韦

① Rodger Beehler, David Copp, and Bela Szabados. *On the track of Reason——Essays in Honor of Kai Nielsen*, Westview Press,1992, p.4.

② Rodger Beehler, David Copp, and Bela Szabados. *On the track of Reason——Essays in Honor of Kai Nielsen*, Westview Press,1992, p.19.

尔认为在共产主义社会，不需要物质财富的激励，仅凭表扬或者斥责是一种错误。他不同意尼尔森的如下看法——马克思把共产主义建立在平等的基础上。他说："马克思先进的共产主义概念并不依赖于平等的标准，这与尼尔森的观点相反。"[①] 实际上，尼尔森并没有认为马克思所构想的共产主义就完全是建立在平等的基础上的，他只是认为平等应该是共产主义其中的一块基石。尼尔森认为表扬和鼓励可以取代物质财富的奖励，罗伯特·韦尔认为这是不现实的。罗伯特·韦尔还认为，在共产主义社会，物质财富极大丰富，人们可以根据自己的需要自由采取行动，这都是尼尔森对马克思的曲解。罗伯特·韦尔支持尼尔森把"需要"（need）和"想要"（want）区别开来的看法，认为共产主义社会人们生产的是使用价值而不是交换价值，他不赞成平等分配，但是希望能实现平等的满足感和大致的平等。罗伯特·韦尔2018年出版的一部著作《马克思论解放与社会主义目标——为未来找回马克思》（*Marx On Emancipation & Socialist Goals——Retrieving Marx for the Future*）。在这本书里，他对尼尔森表达了感激，认为尼尔森给了他很多启示。但是对尼尔森的激进平等主义，韦尔基本上只是重复了在《马克思论共产主义的几个阶段》中的看法。

英国肯特大学的乔纳森·弗雷德（Jonathan Friday）在论述道德平等时谈到了尼尔森的看法，尼尔森认为道德平等不能被理性地证明，也就是没有理性的基础，并且在构建道德和政治理论时自信地假设道德平等是没有障碍的。在后来的一份出版物中，尼尔森尝试了某种连贯性的论证，即道德平等在广泛连贯的道德理论中所起的作用是正当的。然而，这看起来只是尼尔森早些时候拒绝的那种一厢情愿的想法。

① Rodger Beehler, David Copp, and Bela Szabados. *On the track of Reason——Essays in Honor of Kai Nielsen*, Westview Press,1992, p.136.

不仅连贯的理由很弱，而且各种非平等主义的道德和政治理论都可以被提升到与自由平等主义或马克思主义具有同等的连贯性。[①] 此外，包括威尔·金里卡（Will Kymlicka）和 R.G. 佩弗（R.G.Peffer）对尼尔森也有些研究，但是主要集中在尼尔森的道德观方面，由于此处主题是激进平等主义，所以不再论述。

总之，国外目前对尼尔森的研究主要还集中在他的自然主义、元哲学、道德观，宗教观等，对他的激进平等主义研究较少。西方对尼尔森的激进平等主义大多还是持批判、怀疑甚至否定的态度。他们大多数都认为这是一种不可实现的乌托邦。一个重要方面的原因是尼尔森在完成他的著作《平等与自由》后不久，就发生了苏联解体、东欧剧变，使社会主义受到重大挫折，社会主义运动处于低潮时期。西方大量的学者（包括西方马克思主义的学者）对共产主义的实现持怀疑态度。另外，也是最为重要的一点，西方学者对尼尔森激进平等主义的研究大多没有着眼于历史唯物主义，所以很难有独到和富有见地的见解，很难对尼尔森的激进平等思想有科学全面的把握。

（二）国内对尼尔森激进平等思想的研究

到目前为止，尼尔森的两本著作《平等与自由——捍卫激进平等主义》和《马克思主义与道德观念——道德、意识形态与历史唯物主义》被翻译为中文，另外还有几篇论文也被翻译为中文，如《从事实非敏感性中拯救政治理论——对 G. A. 柯亨政治哲学方法论的批评》（吕增奎译）、《历史唯物主义、意识形态与伦理学》（徐国旺译）、《马克思、恩格斯和列宁的正义观》（李文雯译）、《马克思是一位平等主

① 参见 Jonathan Friday. *Moral Equality and the Foundations of Liberal Moral Theory*.The Journal of Value Inquiry, 2004（38）：pp.61-74.

义者吗？——对米勒刻画的马克思的几点怀疑》（齐闯译）、《马克思的启蒙计划》（姚远译）和《正义之争：马克思主义的非道德主义与道德主义》（林进平等译）。尼尔森的哲学思想在国内学界引起了广泛关注。专注于讨论尼尔森的道德观的学者有李义天、刘永安、吴家华、吕梁山、杨荣、高广旭、符海平等。尼尔森的激进平等思想主要蕴藏在《平等与自由——捍卫激进平等主义》一书和数篇论文（包括被译介的《马克思是一位平等主义者吗？——对米勒刻画的马克思的几点怀疑》）中，讨论尼尔森激进平等思想的学者主要有傅强、余京华、林育川、丁心悦和袁久红等。但是，与国外相反，国内的大部分学者对尼尔森的激进平等主义主要持肯定态度，他们大多认为尼尔森是在历史唯物主义框架内构建激进平等主义。从中国知网来看，以尼尔森的激进平等思想为研究主题的报刊论文有十多篇，另外，张玉宝撰写了一篇聚焦于研究尼尔森平等思想的学位论文《激进平等主义的正义何以可能》，王岚的学位论文《尼尔森正义思想研究》也对尼尔森的平等思想进行了评述。

国内对尼尔森的激进平等主义有较深入研究者首推学者傅强，他发表了几篇有关尼尔森平等思想的论文。在《凯·尼尔森：平等是目标和权利相统一》一文中，傅强介绍了尼尔森的观点——作为目标的平等得以实现的时候，这种平等就变成了权利。也就是说，平等是可欲性和可行性的统一，是目标也是权利，是目标与权利的统一。[①] 在《凯·尼尔森对机会平等和结果平等理论的互镜与兼顾》一文中，傅强介绍了尼尔森关于机会平等和结果平等关系的看法。尼尔森把机会平等看成是较低等级的平等，结果平等才是终极目标。作为国家，作

---

① 参见傅强：《凯·尼尔森：平等是目标和权利相统一》，《中国社会科学报》2018年7月18日。

为政府，应该既重视机会平等，又重视结果平等，这是社会主义正义的必然要求。[①]在《凯·尼尔森对精英主义政治哲学的剖析》一文中，傅强肯定了尼尔森对精英主义的批判，认为精英主义把个体差异放大了，是与平等主义格格不入的不值得推崇的一种思想，是一小撮精英分子为了巩固他们现有的地位，进一步获得更多利益而提出的主张。[②]傅强在《凯·尼尔森激进平等主义产生的历史背景和价值旨趣》一文中指出，资本主义的正义理论（包括罗尔斯的自由平等主义正义理论）解决不了社会不公平的问题，“尼尔森力图秉承马克思主义公平正义观，运用历史唯物主义方法，构建一套着重于追求实质性平等的‘平等正义论’体系”[③]。在《论尼尔森对〈哥达纲领批判〉的政治哲学解读》一文中，傅强认为尼尔森对《哥达纲领批判》的解读是恰当的。他指出尼尔森在解读的时候使用了阶级分析的方法，使用了马克思、恩格斯对平等的思路来批判罗尔斯的平等观。[④]在《尼尔森论平等分配的成本》一文中，傅强阐述了尼尔森对实现平等分配的成本是否过高这一问题的回答。尼尔森认为平等分配与民主制度是有机衔接的，个人自由需要平等作保障，平等分配与个人权利并不冲突。[⑤]在《平等、正义与历史唯物主义——凯·尼尔森对马克思正义观的阐释》一文中，傅强阐述

① 参见傅强：《凯·尼尔森对机会平等和结果平等理论的互镜与兼顾》，《创新》2016年第5期。

② 参见傅强：《凯·尼尔森对精英主义政治哲学的剖析》，《中国社会科学报》2019年5月23日。

③ 傅强：《凯·尼尔森激进平等主义产生的历史背景和价值旨趣》，《中共济南市委党校学报》2017年第5期。

④ 参见傅强：《论尼尔森对〈哥达纲领批判〉的政治哲学解读》，《学术探索》2008年第4期。

⑤ 参见傅强：《尼尔森论平等分配的成本》，《中国社会科学报》2016年8月25日。

了尼尔森对马克思是否持有正义观的理解，指出尼尔森认为马克思的确持有一种正义观，“无产阶级的正义诉求绝不是追求所谓的‘消除一切社会的和政治的不平等’，而是消灭阶级”[①]。不同的历史背景应该有不同的正义原则。在《平等正义论对公平正义论的原则的互镜、批判与重建》中，傅强介绍了尼尔森对罗尔斯的作为公平的正义原则的看法。尼尔森认为罗尔斯的第一原则和第二原则存在冲突。按照罗尔斯的差别原则，实质性的不平等必然出现。财富和利益的不平等分配不可能实现平等的自尊。而尼尔森提出的平等主义正义原则内部不存在冲突，实现了第一原则和第二原则的一致。[②]目前国内对激进平等主义的研究最为重要的文献是傅强的专著《凯·尼尔森激进平等主义正义观研究》。他从正义观维度阐述和评价尼尔森的激进平等主义。傅强首先分析了尼尔森激进平等主义的产生背景和尼尔森构建激进平等主义所使用的研究方法；其次梳理了尼尔森对马克思主义正义观的理解，进而概括了尼尔森激进平等主义的基本主张，阐释了尼尔森对应得正义观、“古典平等主义”、精英主义和诺齐克的权利正义理论的批判；最后分析了尼尔森对激进平等主义的总结性论述。傅强主要是从引介的层面向中国学界介绍尼尔森的激进平等主义，并在引介的过程中加入适当的评述，主要包括尼尔森的激进平等主义对我国社会主义现代化建设的意义。傅强已经看到了尼尔森激进平等主义在实现道路上的乌托邦色彩。根据尼尔森的观点，平等主义者可以通过耐心的社会论证来促进平等社会的实现，而不会对民主产生威胁，更不会侵害个人

---

① 傅强：《平等、正义与历史唯物主义——凯·尼尔森对马克思正义观的阐释》，《理论探讨》2008年第6期。

② 参见傅强：《平等正义论对公平正义论的原则的互镜、批判与重建》，《大连干部学刊》2008年第11期。

自由、道德和个人权利。由于平等与正义有着千丝万缕的联系，傅强对尼尔森激进平等思想的研究就是对其正义思想的研究，因为尼尔森把平等当作正义的前提。傅强认为，尼尔森的平等思想是他的正义思想的重要组成部分。虽然傅强对尼尔森的平等思想有较多研究，但还主要停留在引介上，即向中国学界介绍尼尔森的激进平等主义是什么。至于尼尔森的激进平等主义怎么样，傅强没有花费太多的笔墨。一言以蔽之，傅强主要是从正面来阐述和评价尼尔森的激进平等思想，对其思想主要持肯定态度，除了认为其思想在实现路径上带有乌托邦的色彩外，鲜有对其思想进行批判。实际上，尼尔森的激进平等思想存在很多问题和局限，这也是本研究的落脚点所在。

国内另外几位学者也对尼尔森的平等思想有研究。学者余京华在《道德 · 正义 · 平等——凯 · 尼尔森对马克思历史唯物主义的研究及其当代启示》一文中认为尼尔森是以历史唯物主义的视角来探讨平等正义问题，并利用阶级分析的方法来建构激进平等主义，对罗尔斯的自由平等主义进行了大胆的批评，客观阐述了历史唯物主义与平等、正义的关系。[①] 学者丁心悦在《凯 · 尼尔森平等主义正义观的特质与局限》一文中，认为尼尔森基本是在历史唯物主义的框架内探讨平等、正义问题。这对构建社会主义正义理论具有重要的价值，但是带有明显的折中主义倾向，“他试图把最好的东西拼凑在一起，却没有清楚地阐释相关的细节”[②]，实际上是既有肯定也有否定。学者袁久红在《平等、正义与社会主义——略论尼尔森激进平等主义政治哲学》一文中指出，

① 参见余京华:《道德 · 正义 · 平等——凯 · 尼尔森对马克思历史唯物主义的研究及其当代启示》,《哲学动态》2010年第5期。

② 丁心悦:《凯 · 尼尔森平等主义正义观的特质与局限》,《天府新论》2021年第1期。

尼尔森的激进平等主义有马克思主义的思想渊源，但是在一些方面不符合马克思主义，主要表现在关于社会主义分配正义的原则和实现平等正义社会的道路上；并认为尼尔森正确地坚持了马克思主义关于平等与正义问题的基本观点，比如私有制及阶级的存在是社会不平等、不公正的根源，阶级划分不是人类社会生活的永恒特征，平等与正义的实现有赖于阶级的消灭、私有制的废除。袁久红对尼尔森的批判较为深刻，后来也被傅强所借用。例如，袁久红批判尼尔森认为工人阶级不可靠，知识分子也不可靠，激进平等主义的实现必须依靠道德权威和阶级意识的觉醒，指出这种理论明显带有浪漫主义色彩，在实践上则很难行得通。“如同他在论述平等的正义原则时陷入对完全平等满足所有人的需要的幻想从而使其理论带来浓重的乌托邦色彩一样，尼尔森对通往平等正义社会的道路的论述也陷入了乌托邦主义。”[①] 学者李义天、刘畅在《超越差别原则——凯·尼尔森对罗尔斯正义理论的批判》一文中高度赞扬了尼尔森对罗尔斯差别原则的批判。他们认为尼尔森对罗尔斯的批判以差别原则为切入点，指出了自由平等主义的局限性。例如，在尼尔森看来，罗尔斯差别原则带有自由主义的意识形态特征并存在内在矛盾，罗尔斯的差别原则没有触及资本主义所有制结构，仍然把维护资本主义的私有制作为其出发点和目标。尼尔森激进平等主义坚持了马克思主义的平等观，将超越差别原则在无阶级社会中实现。

学者张宝玉在硕士学位论文《激进平等主义的正义何以可能》中，为尼尔森的激进平等主义的合理性和可能性进行辩护，认为这是一种符合马克思主义的非常科学和合理的理论，能够与共产主义社会的

---

① 袁久红：《平等、正义与社会主义——略论尼尔森激进平等主义政治哲学》，《南京社会科学》2002年第3期。

“按需分配”相匹配并且把共产主义作为激进平等主义的最终归宿。[①]学者王岚在硕士论文《凯·尼尔森正义思想研究》中，从正义观的维度介绍了尼尔森的激进平等主义，简要分析了其对构建社会主义和谐社会的价值和当代启示。[②]

综观国内对尼尔森激进平等思想的研究，无论是期刊论文、学位论文，还是傅强对尼尔森激进平等思想的专著，都主要停留在引介尼尔森激进平等主义的层面，对其激进平等思想的评价主要也是从正面进行的，认为其思想符合历史唯物主义，是在历史唯物主义的框架内进行构建的，鲜有对其激进平等主义进行批判。虽然不能用“管中窥豹，可见一斑”来形容，但国内对尼尔森激进平等思想的批判主要集中在实现路径上，而且通常也都是一笔带过，没有对尼尔森的激进平等思想进行全面的解析和批判。当然，尼尔森的激进平等思想也存在一系列的问题，特别是尼尔森的一些平等相关理念是不符合唯物史观的，必须进行坚决的批判。唯有深入骨髓，从正反两个方面对其进行全面解剖，才能拨云见雾，看到尼尔森激进平等思想的本来面目。

---

① 参见张玉宝：《激进平等主义的正义何以可能》，吉林大学硕士学位论文，2017年。

② 参见王岚：《凯·尼尔森正义思想研究》，西南大学硕士学位论文，2009年。

第一章
尼尔森激进平等思想的缘起

一、当代北美社会经济发展状况

任何一种思想、任何一部著作都是时代的产物，尼尔森的激进平等思想也不例外。不同的时代会有不同的有关平等的看法。他的著作《平等与自由——捍卫激进平等主义》出版于1985年。像尼尔森这样一位丰产的学者，其思想不可能只受到北美地区社会经济发展状况、北美地区的学者和社会思潮的影响，但是我们可以设想北美地区的经济社会发展状况、北美地区的社会思潮对他可能更具有直接的现实的影响。人总是离不开自己所生活的环境，所生活的时代。鉴于此，研究这部著作成书之前的北美社会，研究尼尔森所经历的时代，研究北美社会那个时代的社会思潮是非常必要的。可以肯定的是，这个时期的北美社会正在经历深刻复杂的变化。作为经历过二战时期的尼尔森长期生活在美国和加拿大，熟知北美地区的政治、经济、文化思想以及社会发展状况。考察从二战以来到1985年前北美的政治经济发展状况，可以洞察尼尔森写作这部作品的初衷，对于深刻理解尼尔森提出激进平等思想的原因是有所裨益的。

（一）经济高速增长伴随周期性经济危机

由于二战的战场几乎没有波及美国，美国是二战受益最大的国家。二战中建立的布雷顿森林体系奠定了美元在世界金融体系中的霸主地位，战后美国经济增长进入了"黄金时代"，也奠定了美国在世界经济中的霸主地位。二战以后，美国进入了后工业时代，人民的生活水平大幅度地提高，从整体来讲进入了"丰裕社会"。自从20世纪四五十年代以来，第三次科技革命使北美经济迅猛发展，直到60年代美国经济发展都是比较稳定的；到了60年代末，滞胀现象开始出现；到了70年代，这种发展的势头已经明显放缓。加拿大和美国由于地缘政治的原因，在政治、经济、文化等各方面都相互影响，当然主要是美国影响加拿大。二战以后的30年是加拿大经济发展的黄金时期。特别是20世纪五六十年代加拿大经济得到了长足的发展，奠定了其在世界中等强国的地位。

二战后，北美地区资本的高度集中化越演越烈，企业兼并重组加剧，另外，劳动等生产资料的社会化程度越来越高，经济的发展使得全球化深入推进，资本主义所固有的矛盾（即生产的社会化与生产资料的私人占有制之间的矛盾）空前激化，贫富差距进一步扩大，工人和普通民众的相对贫困化问题十分突出。[①] 鉴于普通民众的购买力不足，产品的相对生产过剩问题尤为突出。经济危机爆发的周期明显缩短。从战后到20世纪80年代美国至少发生了8次经济危机，分别是1948—1949年、1953—1954年、1957—1958年、1960—1961年、1969—1970年、1973—1975年、1980年、1981—1982年等。[②] 70年代以来，加拿大工人的失业率上升，贫富差距进一步拉大。这一切都使得社会的政治经济不平等加剧。随着全球化的加快和资本主义本身的顽疾，加拿大受到周期性经济危机的伤害不可避免，从二战后到20世纪80年代至少经历了1953—1954年、1957—1958年、1960—1961年、1969—1970年、1974—1975年、1981—1982年等6次经

① 参见潘宁：《当代资本主义社会基本矛盾表现形式的新发展》，《南通航运职业技术学院学报》2019年第1期。

② 参见吴纪先：《战后美国加拿大经济周期与危机》，中国社会科学出版社1991年版，第179—299页。

济危机。[①]

（二）社会矛盾空前激化

从1955年起到1975年持续了20年的越南战争，美国耗费了大量人力物力，死伤了大量士兵，国内反战的情绪日益高涨。1973年10月，第四次中东战争爆发，石油危机引发的世界经济危机给美国也带来了严重的灾难。经济滞胀导致失业率上升，毒品、枪支泛滥，青少年犯罪增加。另外，美国的种族歧视问题一直存在，在20世纪60年代，美国黑人民权运动达到了高潮，表明美国的种族冲突和种族不平等问题很突出。

这一时期，加拿大政府出台了大量的社会福利政策，通过了一些增进社会福利的法案。1968年，皮埃尔·特鲁多当选加拿大总理，开启了他所谓的“公正社会”建设，通过了一系列法律法规，增强了公民的平等权，也有效阻止了魁北克的独立。[②] 20世纪70年代开始，经济增速放缓，失业人数增加，通货膨胀出现。由于加拿大也是一个多元文化的国家，族群也异常复杂，黑人和妇女争取自身权利的斗争一直未停息。皮埃尔·特鲁多的“公正社会”战略用一句时髦的话来形容就是“理想很丰满，但是现实却很骨感”。随着加拿大贫富悬殊的扩大，弱势群体在社会中生活艰难，不公正、不平等的现象随处可见，种族歧视严重，阶级矛盾尖锐。

由于资本主义固有的矛盾始终发挥作用，美国和加拿大政府采取

---

① 参见吴纪先：《战后美国加拿大经济周期与危机》，中国社会科学出版社1991年版，第303—438页。

② 参见张鹏：《不可不知的加拿大史》，华中科技大学出版社2019年版，第233—238页。

的经济干预和宏观调控来缩小贫富悬殊的努力均未奏效。资本主义的自我调节不可能消除贫富差距和分配不公等问题，因为这是资本主义的本质所决定的。不管经济如何发展，北美地区都还没有改变资本主义这一根本制度，这就导致无法改变工人和劳苦大众被剥削、被奴役的局面。

二、当代北美社会运动和社会思潮

（一）激进运动和新思潮大量涌现

二战后，伴随着北美经济繁荣的是资本主义周期性的经济危机；伴随着整体富裕程度提高的是贫富差距的进一步加深；伴随着科技进步的是失业率的增加；伴随着多民族族群共同发展的是种族歧视、白人至上；伴随着对外战争的是年年不断的反战示威游行。在这样的背景下，北美出现了多种社会运动和思潮。新自由主义思潮蓬勃发展，新左派反文化运动空前活跃，反战运动此起彼伏，极右的个人主义运动开始兴起。同时，左翼运动和工会运动也发展起来，性别歧视和性别的不平等导致女权运动的兴起。与激进运动相伴随的还有黑人解放运动、女权运动、贫民运动以及环保运动等。

伴随着这些社会运动出现了各种各样的社会思潮，如新自由主义、左翼思潮、女权社会主义、存在主义、后现代主义、未来主义、生态社会主义、马克思主义、“第三条道路”等，这些思潮互相交错，其中影响较大的有新自由主义、左翼思潮和马克思主义。下面我们谈谈新自由主义和左翼思潮在北美地区的发展和影响状况。

新自由主义首先是在经济学中的概念，出现于20世纪30年代，

20世纪50年代，新自由主义开始沉寂下来；20世纪70年代，伴随着资本主义经济危机的加剧，新自由主义开始复兴；20世纪80年代，新自由主义得到广泛的发展。新自由主义主张发挥市场机制的自发调节作用，反对政府干预社会经济生活。[①]新自由主义的实质是反对公有制、否定社会主义和国家干预。新自由主义在北美的发展为北美和其它地区资本主义国家的社会经济带来了严重的灾难，如20世纪80年代美国发生的储蓄和贷款危机。目前，新自由主义已经成为以美国为首的西方国家传递资本主义意识形态的重要载体。

左翼思潮和新左派运动是20世纪北美重要的思潮和运动。在当代欧美国家，支持改造传统的资本主义秩序，致力于促进社会公正、财富和权利平等分配，注重下层平民利益与福利国家的运动，常被称为左翼运动，秉持这些观点的思想潮流就是左翼思潮。20世纪二三十年代，美国相继出现了一些左翼团体和组织，包括美国社会党、美国共产党、美国社会主义工人党、托洛茨基分子、斯巴达克团等。产生于20世纪五六十年代英国的“新左派”运动，迅速波及全世界。受到欧洲“新左派”运动、美国“ 垮掉的一代”的反社会运动、古巴革命和民权运动的影响，北美的“新左派”运动迅速发展起来，社会主义、弗洛伊德学说、新马克思主义等各种社会思潮涌现。特别是美国的“新左派”运动影响较大。赵林认为美国的“新左派”运动“与其说是一场政治经济变革，不如说是一场文化和价值革命”[②]，动摇了美国传统的价值观念，被认为是一场现代的“乌托邦革命”。加拿大的左翼运动主要由加拿大共产党以及其他社会主义政党组织领导。加拿大的很多

① 参见段忠桥:《当代国外社会思潮》，中国人民大学出版社2010年版，第42—52页。

② 赵林:《美国新左派运动述评》,《美国研究》1996年第2期。

左翼运动几乎和美国的同时进行，在二战后到20世纪80年代，也先后出现过“新左派”运动、青年学生运动、人权与环保运动、反战运动、魁北克寂静革命和女性主义运动等。这些运动和思潮对尼尔森都产生了深远的影响。

（二）平等成为学术焦点

由于北美社会发生急剧的变化，传统价值体系逐渐崩溃，新的价值体系正在重构。单靠理性并不能保证人类社会一直沿着自由、平等、社会正义和进步等启蒙思想所指引的方向前进。需要说明的是，这里只讨论尼尔森《平等与自由》出版前一些北美重要思想家对平等的看法。19世纪70年代，新自由主义在西方兴起。资产阶级的思想家力图以他们的方式来实现价值重构。1971年罗尔斯的《正义论》（*A Theory of Justice*）出版，这本书一出版，就引起了西方学界的轰动，特别是在政治哲学、道德哲学领域影响深远，并被译成了十几种文字。从学界的影响力来说，无疑罗尔斯的《正义论》是成功的典范。在理论的建构方面成就卓著，基于其理论的批判也汗牛充栋。此书中，罗尔斯提出了两个正义原则，第一个被称为“平等自由原则”，第二个被称为“差别原则”。第一原则优先于第二原则。他认为正义总是意味着平等，试图对这两大原则进行调和，以实现平等和自由的结合，强调机会平等，把平等提到了一个新的高度；1974年诺齐克的《无政府、国家与乌托邦》（*Anarchy, State and Utopia*）出版，他从权利正义理论的角度认为平等与自由是不兼容的，实际上，他属于极端自由主义者，他所主张的权利平等实际上就是一种机会平等。他认为不平等是无法解决的，也与公平正义无关，要求平等需要提供证明。有人认为他持有的是一种反平等主义的立场，因为他的关键词是权利，他是一个自由至上主义者或者“权利的功利主义者”。另外，德沃金于1986年出版了《法律帝国》（*Laws Empire*），2000年出版了《至上的美德——平等的理论与实践》（*Sovereign Virtue*：*The Theory and Practice of Equality*），虽然这两部著作出版于尼尔森的《平等与自由》之前，但是德沃金的有关平等的思想早已因其之前所发表的论文被尼尔森所熟知。他提出的资源平等理论非常著名。在资源平等理论中，他把资源分为人格资源和非人格资源，为我们提供了理想的分配模型。初次分配以荒岛拍卖为模型，再次分配以虚拟保险市场为模型，另外把税收作为补充。他提出了两个原则——“重要性平等原则”和“个人责任原则”，试图调和平等与责任的关系。除了以上三位北美的哲学家之外，G.A. 科亨（Gerald Allan Jerry Cohen）等人的平等理论对尼尔森也有重要的影响。这些理论要么是资产阶级自由主义思想家力图消除现代资本主义社会中的不平等，实现社会公平正义的有益尝试，要么认为平等不应该作为我们最为重要的价值追求，因为这是永远不可能实现的。但是，由于他们大多站在资产阶级的立场上为资本主义辩护，实际上属于资产阶级的改良派。寄希望于不改变现行制度的情况下实现社会的平等，显然也是不可能成功的。尼尔森看到了新自由主义平等思想的诸多缺陷，在与西方新自由主义的平等思想的比较中，挖掘了它们的合理成分，在批判吸收的同时加入了马克思主义所特有的辩证唯物主义和历史唯物主义方法论元素，形成了他独特的激进平等思想。

三、马克思主义在当代北美的传播和发展

（一）马克思主义政党一度活跃

1919年，美国共产党成立。成立后，美国共产党相继组织或参与了一系列的斗争，包括为工人的权利而进行的斗争以及反法西斯斗争。1938年成立的美国社会主义工人党也先后参加了反越战、反对种族主义的运动以及其他学生运动和工人运动。直到20世纪80年代，美国社会主义性质的政党在其国内影响较小，但毕竟这些政党培养了美国民众的社会主义意识，对马克思主义的传播起到了重要的作用。19世纪50年代，马克思主义就传入了美国。[①] 美国共产党员人数最多时有8万之多，但在1957年时，仅为5000人，20世纪70年代开始至80年代末，党员人数大概为1.5万人。[②] 虽然人数波动较大，但是依然保留了党员来自各个阶层的特点。

加拿大的马克思主义最初来源于英国，先后出现过平民合作联盟等社会主义政党。1921年，加拿大共产党在美国驻加拿大的两个共产主义组织合并的基础上成立。由于加拿大地广人稀，虽然共产党员的实际人数较少，但相对人数还是较多。1925年加拿大共产党有4000名至5000名党员。20世纪60年代，加拿大共产党员有3000人，到80年代，加拿大共产党员有2000人。[③] 自从加拿大共产党成立以来，其他

---

① 参见秦海侠、周月英：《美国社会主义类型政党的功能分析》，《广州社会主义学院学报》2011年第4期。

② 参见王军、梁丹：《近百年来美国共产党的党员人数变化及其原因分析》，《当代世界与社会主义》2014年第6期。

③ 参见邓超：《加拿大左翼政党的历史与现状》，《当代世界》2018年第11期。

一些社会主义性质的政党也纷纷出现。

（二）马克思主义思想广泛传播

马克思主义著作在美国的传播较早，1848年欧洲革命和1871年巴黎公社革命失败后，一些政治避难者就跑到了美国。从这时开始，马克思主义的著作就开始在美国被翻译出版，特别是《共产党宣言》和《资本论》被翻译为多个版本。逢这两部著作出版10周年的倍数年份，特别是100周年的时候，几乎都会有新版本的出现。美国是出版《共产党宣言》和《资本论》语种最多、次数最多的国家。战后到20世纪80年代美国涌现了大量的马克思主义学者，如艾伦·伍德、理查德·米勒、唐纳德·戴维森、安德鲁·莱文、约翰·E. 罗默、罗伯特·保罗·沃尔夫等。由于马克思主义的著作在美国被大量地翻译成英文并重新出版，马克思主义理论在非党员中也得到了广泛的传播。

与此同时，马克思主义著作在加拿大广泛出版发行，马克思主义理论在加拿大得到了广泛的传播，涌现了大量的马克思主义哲学家，尼尔森是其中的杰出代表。另外还有如本·阿格尔、伦·梅克辛斯·伍德、罗伯特·韦尔等，这些人都对尼尔森产生了重要的影响。尼尔森对马克思、恩格斯和列宁有关平等的论述非常熟悉。他在《马克思主义与道德观念》和《平等与自由》等书中引用了大量马克思的言论，特别是马克思《哥达纲领批判》、恩格斯《反杜林论》、列宁的哲学笔记和《国家与革命》里面有关平等的思想言论。这些情况从侧面证明了马克思主义在加拿大也得到了广泛的传播。尼尔森对共产主义两个发展阶段的理论和阶级分析方法比较熟悉，能把关于共产主义的两个阶段的分配原则很好地运用。他认为马克思和恩格斯并没有拒绝平等观念，更没有拒绝平等主义的道德。事实上，马克思和恩格斯持有一种历史唯物主义的平等观。当然，尼尔森很清楚地知道观念形态的东西必须与生产力的发展相适应，才是真正坚持历史唯物主义。他指出："当生产力没有得到充分发展时，试图将这些原则（激进平等主义的原则）付诸实践，就是糟糕的乌托邦主义。"[①] 理论的提出与实践及生产力发展水平和社会现实都有着必然的联系。正是在吸收了马克思、恩格斯和列宁的平等思想的基础上，借鉴当代西方马克思主义学者有关平等思想的基础上，建构起了他自己的激进平等思想。

① Kai Nielsen, *Marxism and the moral point of view: Morality, ideology, and historical materialism*, Westview Press, 1985, p.220.

第二章
尼尔森对平等主义相关理论的批判或借鉴

本章主要探析尼尔森对平等主义相关理论的批判或借鉴，包括传统应得观、“旧式平等主义”、精英主义（包括尼采主义）、以罗尔斯和德沃金为代表的自由平等主义、以诺齐克为代表的反平等主义。本章重点讨论尼尔森对“旧式平等主义”、精英主义、自由平等主义和反平等主义的批判或借鉴。尼尔森正是在对这些相关理论的批判中，使他的激进平等主义思想体系逐渐清晰；正是在对相关理论的借鉴中，使他的激进平等思想更加完善。

一、对传统应得观的批判借鉴

什么是应得呢？关于应得的定义有很多。文学平认为，“‘应得’是一个关系概念，即给予每个人其所应该得到的东西”[①]。按照傅强的看法，“所谓应得，是一个行为者自愿从事一种有价值的活动，且其获得的利益（报酬）与其贡献的大小相称。”[②] 应得问题是分配正义中的核心问题。尼尔森的激进平等主义就是要论述分配中的平等问题，这跟应得当然有直接的关系。社会财富分配中人们应得与否实际就是平等和正义问题。因为正义往往被理解为是得其应得，一个社会成员如果未得其应得，往往被认为是不平等的、非正义的。尼尔森把分配中的平等与否看成是正义中的首要问题。应得和平等之间的确存在着矛盾，所以一些人把应得作为反平等主义的重要武器。社会上的人们之所以

① 文学平：《论应得与正义》，《学术界》2017年第7期。

② 傅强：《凯·尼尔森激进平等主义正义观研究》，中央编译出版社2015年版，第110页。

在社会财富、利益和责任的分配中得到这样的或者那样的份额，起决定作用的因素是什么呢？这就涉及以什么标准来判断应得。

（一）传统应得观具有片面性

应得有不同的决定因素。传统应得观认为，这些决定因素包括才能、努力程度、贡献以及道德价值等。人们往往基于这四种不同的决定因素，划分了四种不同的应得观。

一种观点认为，应该把努力作为应得的标准，如果 A 比 B 在完成某个工作中更努力，那么 A 应该比 B 应得更多。努力程度作为应得的标准有一定的合理性，因为努力与结果之间存在着一定的关系，虽然不是直接的关系。一个人如果很努力，很有可能把事情做成功。但是努力了没有成功的情况也比比皆是。中国有句俗语叫“没有功劳也有苦劳”。一个人的努力程度又如何测量呢？实际上很多时候一个人的努力程度是无法测量的。社会上很多人努力了，但是没有取得好的成果，或者成果甚少。实际上，努力跟成果有联系，但不是必然联系。

另一种观点认为应该把能力作为应得的标准。能力是一种潜在的力量，是实现对社会做出贡献的可能性因素。如果 A 比 B 在做某事上更有能力，但是 A 却不愿意发挥他的能力，甚至如果 A 愿意发挥他的能力，但是发挥失常，而 B 能力平平，却任劳任怨，做出了很大的成绩，如果对 A 的奖励比 B 多，那就是不平等的，或许对 B 的奖励比 A 多才是更公平的。或许可以这样认为，能力是一个人成功的必要条件，但不是充分条件。能力强的人如果不努力，那么就很难见到成果或者不能见到成果。即使将能力和努力合并计算，也不能把它们作为考量应得的可靠标准。

再一种观点则把对社会的贡献和功绩作为社会财富和产品分配中

应得的标准。这看上去似乎是最公平的，是最让人们认可的，但是社会中存在不同的职业、不同的行业，不同职业和行业如何来进行测评对社会的贡献呢？不同职业之间难道有一个系数可以打通他们之间的差别吗？实际上，我们很难对不同职业和不同行业的贡献进行比较。清洁工的贡献就一定比汽车修理工的贡献小吗？而且对社会的贡献也可能有偶然因素的存在。某人在某个领域做出了贡献也可能基于某个偶然的机会或者巧合，那么他一定应该得到更多吗？当然尼尔森认为在一些情况下，凭借直觉也能洞察贡献的大小。但是在更多的情况下，这个贡献和功绩不容易进行比较和评价。现当代社会的生产几乎都是社会化的大生产，往往某一项任务的完成都是团结协作的过程，这就使得计算功绩具有更大的复杂性。

还有一种观点认为应该把道德价值作为判断应得与否的标准。虽然在一些情况下，我们能够做出道德判断，比如对希特勒和达格·哈马舍尔德是很容易进行道德价值区分的，希特勒是人类的公敌，达格·哈马舍尔德为世界和平做出了重要的贡献。但是在多数情况下，进行道德价值判断是比较困难的。道德应得是把道德本身作为价值，作为应得的标准。道德高尚者天然应该应得更多，这样的应得标准是很多人所不赞同的，虽然罗尔斯证明了道德应得的合理性。不可否认道德具有一定的价值，但是把道德和应得之间建立直接的关系是不可取的。

雷切尔认为："所有应得的基础在于一个人过去的行为。"[①] 尼尔森赞同他的观点，认为把人们过去的行为作为应得的标准是可取的。当然，这种行为是在没有受到强制的情况下才是可取的。因为先天的东

---

① James Rachels, *"What People Deserve" in Justice and Economic Distribution*, eds. John Arthur and William H. Shaw (Englewood Cliffs,N.J: Prentice-Hall,1978),p.154.

西我们无法控制，可是我们的一些行为是完全可以控制的。把上面四种要素中的任何一种作为应得判断标准都是有失偏颇的，不全面的，有些要素也是难以测度的。

（二）应得在分配中应占有一席之地

有一种看法是我们应该完全抛弃应得观。比如斯图亚特·汉普希尔就是一位坚定的应得观的反对者。他认为，我们应该“完全拒绝应得概念在理性和系统的伦理学中占有一席之地”[①]。人们从自然和社会中所获得的优势都不能说是应得的。罗尔斯也主张自然天赋和在社会中最初的起点并不是我们所应得的。尼尔森并不拒绝应得观，主张应得在正义体系中，在社会产品的分配中应该拥有一席之地。尼尔森认为完全抛弃应得观也是不应该的，“……抛弃应得观，也就是剥夺了我们对于自己是自主的道德行为者的观念”[②]。放弃应得观，将使我们不再具有控制我们自身命运的能力。应得在资源分配中还是应该占有一定的位置。他举了一个例子。如果某人拥有某片土地不是通过抢劫和欺骗获得，而且这片土地的种植有助于公共财富的积累，那么这个人应该对这片土地拥有所有权，即使可能导致资源分配的不平等。但是如果此人拥有这片土地可能导致对别人的控制，那么这个人就不应该拥有所有权。特别是在满足人们的基本需求之后，按应得进行再分配实际上也是一种对功绩的肯定，是一种奖励，对于提高社会生产效率、对于促进人类财富的丰富具有重要的意义。不过尼尔森强调，对应得做

---

① Shuart Hampshire, *A Mew Philosophy of the Just Society*, New York Review of Books 24(February 1972): 37.

② 傅强:《凯·尼尔森激进平等主义正义观研究》，中央编译出版社2015年版，第124页。

出判断必须考察应得相关主体是否理性行为者，为应得做了什么成就。也就是说应得的行为主体以前做了什么是认定应得的标准，这个标准可能是能力、贡献、努力程度和道德的结合体。

尼尔森还认为应得包括应得奖励和应得惩罚两种情况。依靠天赋、聪慧所获取的东西是不应得的，依靠后天辛勤努力劳动所得的东西是应得的。他认为不能只看到应得的奖励，应得的惩罚也是应得的重要方面。人们常常说“罪有应得”也属于应得的一个范畴。

二、对“旧式平等主义”的批判借鉴

“旧式平等主义”（“the old egalitarianism”）也常被翻译为“古典平等主义”。之所以叫“旧式平等主义”，主要因为这种平等主义是古典自由主义在平等理论、平等观上的体现。那么什么是古典自由主义呢？通常来讲，古典自由主义是指发端于17、18世纪工业革命之后资本主义社会中出现的一种意识形式，是对早期封建的君权神授、封建礼教和世袭制度的否定，以崇尚自由为人之根本的思想。既然有“旧式平等主义”，当然就有“新式平等主义”。查尔斯·弗兰克尔认为，“总之，一种新的平等主义正在挑战一种更古老、更熟悉的平等主义。他把旧的一种称之为‘矫正型平等主义’，较新的一种我称之为‘救赎型平等主义’”[①]。“旧式平等主义”是与“新式平等主义”相对应的一种思想体系。至于新式平等主义，将在后面以罗尔斯为代表进行讨论。另外，值得注意的是“旧式平等主义”和精英主义有相似的地方，即都强调机会平等。当然“旧式平等主义”和精英主义也是有

---

① Charles Frankel, *The New Egalitarianism and the Old, Commentary 56*, no.3 (September1973),pp.54-61.

区别的，“旧式平等主义”认为人生而平等，没有贵贱之分，承认人们在道德上是平等的，但是精英主义认为人有贵贱之分，把个体差异作为阶级划分的基础。区别“旧式平等主义”和精英主义是非常必要的。尼尔森把哈耶克（Friedrich August von Hayek）和弗里德曼（Milton Friedmann）作为“旧式平等主义”的代表，在认真分析“旧式平等主义”和精英主义的基础上对它们都进行了批判借鉴。

（一）“旧式平等主义”的平等是低层次的平等

“旧式平等主义”为了确保起点平等，主张消除社会性的差别，但是却承认天资差别并且认为天资差别所产生的不平等的结果是正义的。人们因为不同的天赋所获得的财富和权力都是正当的。实际上，旧式平等主义的目标并不是要实现平等的福利，而只是平等的政治法律体系，为了公民自由的实现，只能止于机会平等，不再追求更高层次、更广深度的平等。

机会平等也可以被理解为起点平等，当然包括权利平等。也就是说，只保证起点相同，但是并不保证终点相同，也就是不保证平等的结果。在对机会平等的态度上，尼尔森和罗尔斯是一致的。他们都强调机会平等的重要性。当然机会平等是任何平等主义思想都必然强调的一个重要方面。罗尔斯主张不仅要实现机会平等，而且要实现更大范围、更大程度的平等。罗尔斯对弱势群体格外关注，希望达到更高水平的公平正义。对于这一点，尼尔森也是赞同的。不过“旧式平等主义”并不把平等当成是社会的第一原则，只是把机会平等当作首要之义。

“旧式平等主义”不主张社会财富（也就是社会成员收入）的再次分配，认为这会影响社会激励机制，影响社会财富的创造。尼尔森指出，就是罗尔斯也是赞成社会财富的再分配的。社会财富的再分配能使更高层次、更广深度的平等得以实现。“旧式平等主义”所实现的平等还是一种低层次的“最小化的社会平等”，随着经济社会的发展，必须对这种平等思想和理念进行超越。

罗尔斯认为，“保障那些具有同样天资的人在受教育和取得成功方面的机会平等在实践中是不可能的”[①]。天赋只能被当作社会资产来看待。尼尔森认为，“机会平等”这个概念本身就是模糊的和不明确的，机会平等中的“机会”也是一个抽象的概念，由于社会现实的复杂性和多样性，人们所说的机会平等必须针对具体的事件和具体的场景，不可能做到非常的精确。在当前的社会中，要实现完全的机会平等是非常困难的。尼尔森把机会平等分为竞争性机会平等和非竞争性机会平等。对于稀缺资源来说，必须确立一套大家认可的值得信赖的公平竞争的机制，这就是竞争性机会平等；对于非稀缺资源，人人都有机会享有，这就叫作非竞争性机会平等。“旧式平等主义”显然强调的是竞争性机会平等。要想实现竞争性机会平等，就必须首先实现受教育的机会平等。由于家庭对教育具有重要作用，那么为了消除家庭对教育的影响，让孩子们得到平等的起点，有必要把孩子从小送到类似于国家幼儿园的地方接收教育或者让孩子们根本不接受教育，前者是不人道的，后者消除了人的社会化，更是不可能的。“机会平等原则要求任何人的自我发展都不能依赖任何其他人或人类实践，除非这种依赖对所有人都是平等的。”[②] 人要返回到对其他人没有任何依赖的状态是不

---

① John Rawls, *A theory of Justice*, Cambridge, Belknap Press of Harvard University Press, 1971, p.74.

② Kai Nielsen, *Equality and Liberty*: *A Defense of Radical Egalitarianism*, New Jersey, Roman&Allanheld,1985, p.168.

可能的，即使是原始人都是相互依赖的。马克思认为人的根本属性是其社会性。人是社会的产物，没有社会化的人不能被称作“人”，比如狼孩是不能被称为人的。

“旧式平等主义”对平等的诉求止于机会平等或者叫作起点平等，认为如果追求结果平等，势必会影响人们的自由和权利。“旧式平等主义”的支持者把机会平等与结果平等对立起来，认为要实现结果平等，势必要赋予政府更大的权力，这样，国家行政力量会干预个人的自由生活，认为追求结果平等必然扼杀人们努力工作的积极性，导致社会财富的增加成为问题，抹杀了人与人之间的差异。但是，只追求机会平等，而任凭财富的兼并重组，必然使富人通过财富影响公共权力而成为特权阶级，从而使得整个社会呈现出一幅弱肉强食的画面。

（二）“旧式平等主义”的机会平等有利于实现结果平等

傅强认为，“旧式平等主义”或者“古典平等主义”“强调通过实现机会平等来矫正因出身差异而导致的起点不平等，使社会底层有天赋有能力的人能够步入上层社会，适得其所”[①]。从这里可以看出，旧式平等主义对于封建的“君权神授”有很大的进步性。“旧式平等主义”强调机会平等，机会平等也是社会公平的应有之义。社会出现阶级和阶层是不可避免的发展阶段，如果这种分层完全出于能力，那就是正当的。“旧式平等主义”主张为社会上的人们提供公平的机会，比如受教育的机会，成为政治家等各种就业的机会。“旧式平等主义”把机会平等放在首要的地位，社会将在机会平等的基础上进行不同的奖励以及不平等的财富和权利的分配。所有人都站到了同一起跑线上。

① 傅强：《凯·尼尔森激进平等主义正义观研究》，中央编译出版社2015年版，第124页。

“旧式平等主义”鼓励通过市场机制来激励经济社会发展，促进人类财富的不断丰富。为了促进生产力的发展，实现财富的极大丰富，“旧式平等主义”不排斥功利主义，提倡不平等的奖励的激励作用。对于社会中存在的稀缺资源，我们必须要实现竞争性机会平等，也就是说，所有竞争性职位必须公平地向所有公民开放。人人都有根据自身的能力和勤奋而不是地位、种族等获得竞争性职位的机会。

“旧式平等主义”主张保护公民的自由权利，保障法律平等、政治平等以及其他形式的机会平等，在困境等特殊环境下，主张生活用品等平等分配。正如卢梭所说的：“任何一个公民都不能富到足以用金钱去购买他人，也不能穷到不得不出卖自身。”[①]“旧式平等主义”应该说是文艺复兴和宗教改革后早期资本主义的一种思想潮流，是反贵族、反皇室、反封建血统的一种进步思想。无论你从属于哪个阶层，都有公平的机会去努力拼搏。不是你的出生背景而是你实际做了什么起着重要的作用。在“旧式平等主义”施行的社会，普通人也可以通过努力获得上升的通道而走向成功。

实际上，“旧式平等主义”和“新式平等主义”是不同时期人们对平等的诉求程度的反映。“旧式平等主义”所追求的机会平等对于当今时代的中国和世界依然还有重要的意义，不能全盘否定和抛弃，特别是机会平等对提升社会生产率具有重要的意义，对于罗尔斯指称的“中度匮乏”时代进一步丰富社会物质财富具有重要作用。尼尔森正是看到了“旧式平等主义”所具有的作用和优势，特别是对提高社会生产率的作用，才认为机会平等依然应该加以重视。但是，尼尔森激进平等主义的核心价值旨趣还是实现结果平等，把机会平等和结果平等

---

① 〔法〕卢梭：《社会契约论》，李平沤译，商务印书馆2017年版，第58页。

结合起来，向结果平等的最终目标迈进才是我们应该走的道路。

尼尔森对机会平等也不是全盘否定，机会平等对于平等社会的实现依然具有启发性的意义，也有利于社会效率和生产力的提高。在制度设计和体制机制建设中，应该尽量保证机会平等，特别是向竞争性机会平等靠近。不过尼尔森激进平等主义的追求不止步于机会平等，而是要实现结果平等。尼尔森认为，在一个还未达到物质财富极大丰富的社会里，追求机会平等还有很大的可欲性，我们要在现实的基础上兼顾机会平等和结果平等。但是随着人类社会财富的不断增加，只是追求机会平等已经不足够，况且在现实中，机会平等与结果平等往往是共同推进的。虽然机会平等在实践中要达成有很大的难度，但是机会平等的实现的确有利于结果平等的实现。

三、对精英主义的批判借鉴

为什么有必要对精英主义进行单独的批判呢？因为精英主义与“旧式平等主义”还是有区别的，主要区别在于精英主义认为人生而不平等，人生而有高低贵贱之分。尼尔森认为，当代精英主义的代表人物包括查尔斯·弗兰克尔（Charles Frankel）、丹尼尔·贝尔（Daniel Bell）和约翰·本泽尔（John Bunzel）。迈克尔·杨（Michael Yong）在《知识精英的崛起》（*The Rise Of The Meritocracy*）一书中虚构了一幅精英主义统治的社会图景。尼尔森通过对这种精英主义社会进行批判，表明精英主义在很大程度是与平等主义背道而驰的。

（一）精英主义是一种极端的功利主义

精英主义支持者希望建立一个崇尚精英的社会，打破世袭，打破资历。在这样的社会中，天才处于统治地位。柏拉图应该可以被作为精英主义的始祖。他所设计的社会体系是这样的：整个社会被分为三个等级，第一等级是哲学王和执政者，第二等级是武士即保卫国家的人，第三等级是农民、商人和手工艺者。奴隶根本就被排除在等级之外。哲学王获得统治地位不是通过选举，而是通过自然的正当性。精英主义还认为结果平等是一种错误，只有机会平等是最有价值的。阶层是由于功绩和机会平等而产生的，阶层存在的合理性在于功利主义，也就是取决于是否有利于个人财富和利益的最大化。天赋和勤勉程度决定了所获得奖励的多寡。

迈克尔·杨在《知识精英的崛起》一书中所展现的精英主义社会的图景是这样的。整个社会致力于生产力的向前发展以及社会财富的增长。就算是较低阶层中的天才人物也应该获得较高的岗位，以便实现社会财富的增长。社会上的每个人都被安置在有利于功利最大化的合适的岗位。以便每个人都能发挥他们的天赋和聪明才智。对于有能力的人，必须为他们建立上升通道；对于没有能力或者失去能力的人，就必须让他们下来。社会一切人力资源的安排都服从于生产力的发展，服从于社会财富最大化增长的目标。如果一个较低阶层的人具有了更高的才干，那么随之应该给予他更高的职位。每个人的天赋都能被有效地利用，亲疏关系和特权都不能改变发挥他们才能的环境和职位。整个社会为人们提供平等机会发挥自己的才智，按照所发挥才智的情况决定自己的应得财富和奖励。能力和功绩是划分社会成员等级的决定因素。如果一个人的才能或者智慧提高了，社会应及时把他调整到更好的职位上去。整个社会的分配方式是“各尽所能，按才能和贡献分配”。一个人在社会上所处的地位直接与其能力和功绩相关。较低阶层的成员必须安于现状，较高阶层的成员不能把自己的优越感投射到较低阶层的成员身上。每个社会成员都得其应得，而且社会生产效率实现最大化。

尼尔森认为这是一个非人道的社会，将是不稳固的社会。机会平等显然不能保证结果平等。或者我们可以这样说，仅仅实现机会平等一定会带来结果的不平等，甚至会带来事实上的功绩世袭，形成一个按照功绩分层的社会。就算是一个设计很精致的精英主义社会，也不能消除其不稳定的因素。由于整个社会坚持效率最大化，职位升降的标准总在于功绩和能力，人们总是处于危机之中。特别是中年人，总有很多会在竞争中败下阵来。在精英主义的设计者看来，每个人都会安于自己应得的地位，而不会抱怨，事实会是这样吗？处于下层的人们真的就会自认为他们自己很愚蠢吗？尼尔森认为："精英统治只不过是一种新型寡头政治的伪装，以便权力和特殊利益属于特权群体（社会阶层）。"①这种社会必然遭到上层阶级和下层阶级的极力反对，上层阶级成员不希望这些标准用于自己的孩子身上，下层人员不满足于他们自己的生计。所以这是一种不稳定的，难以运转的社会。尼尔森认为，追求功利最大化是精英主义社会一个重大的道德缺陷。另外，精英主义社会还是一种泯灭人性的社会。"这样一个世界太不人道了，太冰冷了，人与人之间的关系太理性了，太算计了。它是一个没有人性的社会，因为它破坏了博爱或团结的理念，甚至破坏了属于一个共同社区的概念，即我们都作为康德目的王国的平等成员而受到尊重。"②在《知识精英的崛起》一书中所描述的精英主义社会其实质是一小部分

---

① Kai Nielsen, *Equality and Liberty*: *A Defense of Radical Egalitarianism*, New Jersey, Roman&Allanheld,1985, p.159.

② Kai Nielsen, *Equality and Liberty*: *A Defense of Radical Egalitarianism*, New Jersey, Roman&Allanheld,1985, p.161.

精明的功利主义者为了他们自身利益而进行的有益于自身的制度设计，是一种家长式的、交易性的社会，人民群众的生活完全被一小撮精英分子掌控。较低阶层的成员安于现状，较高阶层的成员不把他们的优越感投射到较低阶层，那只是痴人说梦。精英主义的施行，必然使得优势群体对弱势群体傲慢无礼，人们并得不到平等的尊重，人们之间的共同性将会受到破坏。尼尔森认为，精英主义必然使生产力的发展面临严重的威胁，破坏人们所珍视的民主、人权，破坏友爱团结的共同体意识。

精英主义为什么是应该被反对的呢？因为精英主义所依据的理论——机会平等——本身具有含糊性，对于不同的人有不同的意味。而且，精英主义所强调的是竞争性机会平等。要实现竞争性机会平等，必须首先把所有孩子从出生就送到一个类似于国家幼儿园的地方接受教育，其次智力测试技术必须达到很高的水平。即使这两个条件都能达到，但是孩子的努力程度也是未知和待定的，最为关键的是，人是群居动物、社会性动物。根据马克思主义联系的观点，人与人之间必然在社会上形成千丝万缕的联系，形成相互依赖的关系。所以要完全实现竞争性机会平等只能是一种荒诞的设想。尼尔森认为，假设人类掌握了复杂的基因技术和遗传技术，让人们具有了同样的聪明才智，那么社会中的人与人之间的竞争就是不必要的了。"'平等的竞争机会'，就像'完美的真空'，是不可能获得的"[①] 由于每个人的生活际遇不可能完全相同，所以要实现完全的机会平等，至少在当前是不可能的。精英主义太过于重视人与人之间的个体差异，把个体差异作为划分社会等级的依据，但是忘记了才能和智慧有多种表现形式，也没有一个客

---

① Kai Nielsen, *Equality and Liberty*: *A Defense of Radical Egalitarianism*, New Jersey, Roman&Allanheld,1985, p.170.

观的标准来区分职业的贵贱。

尼尔森虽然从道德、事实和概念三个方面对精英主义进行了批判，但是没有马克思主义唯物史观的视角。从唯物史观的角度来看，精英主义宣扬的是个人英雄主义，忽视了人民群众在人类社会发展中的主体作用，这是精英主义形成“人性空场”、缺乏人道主义的重要原因。个别英雄对社会历史的推动作用是有限的。过分强调英雄人物、精英分子的作用是不符合历史事实的。历史的进程是各个方面的合力共同拉动的。精英主义其实是统治阶级麻醉人民的鸦片，宣扬的是人们要安于现状，像是在跟下层人士们说，你们之所以身居下层，完全是因为你们智力和能力低下。再者，精英主义违背了马克思主义经济基础决定上层建筑的理论，割裂了权力、地位和生产资料的关系。所以，精英主义是反马克思主义和反平等主义的。

（二）尼采主义是一种典型反平等主义

为什么在这里单独用一节来谈谈尼尔森对尼采主义的批判呢？因为在尼尔森看来，虽然尼采主义属于精英主义中的一种，但是尼采主义是精英主义中比较特殊和典型的一种。比起通常所谈的精英主义来说，尼采主义对平等主义更具有挑战性。尼采主义几乎反对任何形式的平等主义，不只是自由平等主义和激进平等主义，甚至还反对道德平等。尼采的“超人哲学”主张“超人”具有超强的能力和坚韧的意志，藐视一切传统道德，通过奴役他人来实现自我。尼采赞赏贵族意识，把那些能力低下的人、奴隶当成工具，可以任凭使唤。这种“高等人”或者“超人”是高贵的、能力出众的和遵纪守法的典范。尼尔森认为，大多数人经过深思熟虑的判断都不会接受尼采的道德观。尼尔森列举了尼采主义的两个陈述：

第一，有一种道德认为，无论他们的价值和个性如何不同，如何不平等，所有人都应该被作为具有平等的价值受到平等的对待，这种道德对于有知识而又正直的人来说是一种奴隶道德的诅咒。

第二，千万不要让不平等变得平等。这样做是正义的终结。[①]

这表明尼采对平等主义持的一种彻底拒绝的态度，当然尼尔森还列举了尼采这种道德观的一些推论，但都无不表明尼采主义对平等主义的彻底蔑视。尼采主义者认为平等主义道德观就是一种意识形态。让平等主义任其发展可能会导致庸人霸权（hegemony of mediocrity）和精英权力的减少。伟大文明的出现和发展都以不平等为前提，没有精英的存在，社会不可能进步。尼采主义者认为社会必须要存在等级，让超人从事文化、艺术和哲学等高级的创造性活动，让那些低等级的人从事奴隶般的活动。尼采主义者把人与人之间的差异扩大化，认为社会分工使得等级、阶层和控制会一直存在。社会发展需要精英进行社会统治和创造性活动，也需要一个顺从的阶级。这些社会精英成为“高等模范”，只有“高等模范”才有真正的价值。尼尔森站在人权支持者的角度认为，随着社会的变迁，各个个体的兴趣、技能和美德都存在很大的差异，这些东西是无法比较的，因此不会出现什么“高等模范”。伴随着社会的发展，更多的人有了闲暇时间，以至于更多的人从事创造性的活动，甚至个个都成为专业技术人员，个个都可以成为尼采所说的超人，那时候实际上就不存在超人了，这样等级就没有存在的必要了。尼采主义者认为人类趋向于进入无阶级社会是不可能的，因为人们在能力、道德感受力、为实现目标而采取的动力等方面差异巨大，文化和文明也存在千差万别。实现无阶级社会需要社会进行无

① 参见 Kai Nielsen, *Equality and Liberty*：*A Defense of Radical Egalitarianism*, New Jersey, Roman&Allanheld,1985, p.30.

数次的财富再分配，这样实现平等的成本太高了，也是不值得的。尼尔森认为无阶级社会是可欲的，无阶级社会也允许有权威的存在，人们也会赞赏权威，但是权威并不能成为控制他人的资本，并不会因为权威的存在而产生阶级，当然就不会存在统治阶级对弱者和社会底层阶级的统治。尼尔森对尼采主义的批判是在阐述其反思平衡的方法过程中展开的。他指出，尼采的道德观（特别是对平等主义的彻底拒绝）无法与他深思熟虑的判断一致，也无法与大多数人的深思熟虑的判断相一致。

事实上，尼采主义者对平等的看法完全体现了他们的英雄史观，尼尔森没有从历史唯物主义的角度意识到历史创造的主要依靠力量是广大人民群众，而不是个别的英雄人物或者精英分子。他主要从方法论的角度对尼采主义进行驳斥和批判，实际没有达到深入骨髓的深度，所以他的批判虽然起到了一定作用，但还是显得有些苍白无力。

（三）“生产力原则”有利于社会生产效率的提高

事实上，尼尔森并不认为精英主义一无是处。精英主义所强调的机会平等，包括竞争性机会平等虽然无法完全实现，但是可以尽力地接近。尼尔森辩证地吸收了“生产力原则”[①]，即社会职位的分配应该按照最能提高生产效率的方式来进行。丹尼尔斯用一个例子来说明什么是生产力原则：

杰克和吉尔都想要获得工作 A 和 B，而且他们都更喜欢 A 而不是 B。对于 A 和 B，吉尔都可以比杰克做得更好。但是，吉尔做 B 而杰

① 丹尼尔斯把生产力原则作为精英主义认可的原则。生产力原则又分为宏观生产力原则和微观生产力原则。尼尔森实际更推崇宏观生产力原则，所以叫作辩证吸收。

克做 A 的情况比杰克做 B 和吉尔做 A 的情况更有效率。[①]

丹尼尔斯把吉尔做 B 杰克做 A 叫作宏观生产力原则（S），把吉尔做 A 杰克做 B 叫作微观生产力原则（S）。吉尔既能做好 A 也能做好 B，如果吉尔做 B，杰克做 A，能让杰克获得自己最满意的工作，生产效率能够实现最大化。如果吉尔做 A，杰克做 B，吉尔获得了自己喜欢而又擅长的工作，最好的工作给了最应该得到的人，但是杰克没有获得自己满意的工作，或许会降低生产效率。

丹尼尔斯认为真正的精英主义者更倾向于微观生产力原则，平等主义者更倾向于宏观生产力原则。尼尔森认为在制度设计中，宏观生产力原则更可取一些。理由是宏观生产力原则与个人的平等和其他权利没有冲突。不管是宏观生产力原则还是微观生产力原则，都重视人力资源的分配以生产效率的提高为准绳，而且平等主义社会需要相对富裕的物质环境。“生产力原则”对于促进社会财富的增长有重要的作用。

四、对罗尔斯自由平等主义的批判借鉴

尼尔森对新旧平等主义的划分并不是从时间来看的，而是从承认平等的“深度”方面着手的。“旧式平等主义”强调机会平等，而“新式平等主义”更强调结果平等，所以尼尔森把他自己和罗尔斯、德沃金等都归入“新式平等主义”的阵营，只不过尼尔森的激进平等主义比罗尔斯、德沃金等人的自由平等主义更为激进、更为彻底。

自从 1971 年罗尔斯的《正义论》出版后，引起了全世界学界的广

① Noman Daniels, *“Meritocracy” in Justice and Economic Distribution*, eds. John and Williams H.Shaw (Englewood Cliffs, N.J.Prentice-Hall,1978),pp.166-167.

泛讨论。据称，研究罗尔斯《正义论》的论文超过5万篇，可见这本书的影响之大。罗尔斯的平等主义思想是“新式平等主义”的主要代表，其在西方政治哲学界的影响非常大，尼尔森的激进平等主义受其影响也是非常大的。鉴于尼尔森的激进平等主义与罗尔斯的自由平等主义有着很大的不同，并且尼尔森认为他的激进平等主义对罗尔斯的自由平等主义有极大的超越，所以有必要对罗尔斯的理论进行全面的清理、批判和借鉴。在尼尔森的著作中，他花了大量的篇幅对罗尔斯的平等思想进行批判。

（一）作为公平的正义原则缺乏自洽性

罗尔斯为了建构他的正义理论，提出并设定了无知之幕。这个无知之幕的提出有两个前提。一是这些被召集到幕布下的人不明确自己的社会角色，对他们自己的个性特征、宗教信仰、能力以及过去的历史都是未知的，他们不知道他们的身份和地位，也不知道社会经济状况是什么样的，这样的人简直就是“白板”；二是这些人都是理性的人，以追求基本善为目标。为了实现对社会或组织成员的公平对待，这些人在对一个角色或者一个事件的处理和选择时，才能做到不偏不倚，做到不受自己的利益和好处影响，做出公正的决策和判断。这样，每个社会成员都会被平等地对待，即便是最弱势成员的利益也能得到保护。

《正义论》提出了作为公平的正义两个原则：即自由原则和平等原则。

第一，每个人对最广泛的平等的基本自由的整体体系拥有平等的权利，而且这个体系与相似的所有人所拥有的自由的体系相兼容。

第二，对社会和经济不平等进行安排，使它们都是：

（a）为了最不利者的最大利益，符合公正存储原则，以及（b）依附于公平的机会平等条件下的所有的职位向所有人开放。[①]

这里需要说明的是尼尔森在他的《平等与自由》一书中所引用的罗尔斯的两个原则是罗尔斯在《正义论》原著中间部分做出的完整的陈述。可能有的读者会只记得罗尔斯在《正义论》中对公平的正义原则所做的最初的陈述，即：

第一，每个人都对最广泛的平等基本自由体系拥有平等的权利，该体系与其他人的类似自由体系相兼容。

第二，社会和经济不平等应该这样来安排，使它们：（a）合理地被期望对每个人都有利，并且（b）附属于此的地位和职务向所有人开放。[②]

显然，在《正义论》中间部分所描述的两个原则比最初所描述的两个原则更加成熟。尼尔森正是基于罗尔斯在书的中间部分所提出的这两个原则来进行批判的。

这两个原则是罗尔斯自由平等主义思想的核心，其中他认为第一原则要优先于第二原则，尼尔森正是基于此展开对罗尔斯的批判。尼尔森对罗尔斯正义二原则的批判体现在如下方面，即罗尔斯的第一原则和第二原则是彼此冲突的，因为第二原则允许不平等的存在，而这种不平等对于第一原则的实施是有阻碍作用的。罗尔斯的第二原则得到满足后，平等的自由和自尊无法实现，也就是第一原则无法实现。罗尔斯认为最少受惠者在物质方面的境况变好了，那他们就应该接受

---

① 参见 Kai Nielsen, *Equality and Liberty*: *A Defense of Radical Egalitarianism*, New Jersey, Roman&Allanheld, 1985, p.49.

② 参见 John Rawls, *A theory of Justice*, Cambridge, Mass: Harvard University Press, 1971, p.60.

不平等，这也是公平和理性所要求的。尼尔森认为罗尔斯对“更好”的理解太过狭隘。这个“更好”指的仅仅是物质财富方面吗？人们可能有不同的价值追求和价值判断。罗尔斯把自尊作为最重要的基本善，而自尊又以平等分配为基础，即便是当今的资本主义发达国家，财富、权力和权威等方面都是不平等的，但是根据他的第二原则，允许不平等的存在，这些不平等必然会侵害自尊。

罗尔斯虽然辩称在一个良序社会，权力、能力和权威不平等不可能控制人们的生活，因为人们都会加入各种各样的社团，人们都在社团中找到了自己的位置，不必再去与他人进行比较，从而使得他们的自尊不至于受到伤害，尼尔森认为这是罗尔斯不懂得阶级社会中劳动的属性。如果人们都这样的无知，都接受他们的地位、职务以及各种角色，那似乎人们能保持他们的自尊，但一个正常人都知道，这只是自欺欺人的谎言。从这里，我们完全能够在罗尔斯身上看到精英主义和贵族式正义的影子，这实际上是在为资产阶级规则进行辩解。

罗尔斯进一步地辩解认为追求财富和地位的完全平等是非理性的，完全的平等必然影响到社会的激励机制。有限的不平等能够为社会带来激励机制，为所有人（包括最少受惠者）带来更多的财富。尼尔森认为，从道德方面讲，更多的平等的自尊要好于更多的物质财富，这更适应于理性的人们的道德要求，也符合罗尔斯对所有人的人文关怀，何况我们所谈论的是相对富裕的生活环境，即良序社会。当然罗尔斯认为他的这两个公平的正义原则也能运用于现实的资本主义社会，但是他的第二原则，即差别原则确实会带来不平等，这种不平等必然带来道德自主权的损害，这些不平等必然会损害下层人民的自尊，特别是会损害最少受惠者的自尊。所以，罗尔斯的第一原则和第二原则是冲突的。罗尔斯又一次地试图调和第一原则和第二原则的方法是把自由和自由的价值（liberty and the worth of liberty）区别开来。尼尔森认为自由和自由的价值是不可能被分开使用的，因为没有价值的自由是没有存在的必要，不能运用的自由也是没有价值的，也是无意义的。罗尔斯试图让最少受惠者不去把自己的生活境况与生活较好的人进行比较，不把生活较好的人的生活作为参照，这只是一种自欺欺人的神话，所以罗尔斯的第二原则必须要被放弃或修改。

（二）阶级不会永恒存在

罗尔斯认为实现无阶级的社会是不可能的，存在阶级划分的资本主义社会依然可以是一个正义的社会，阶级、阶级剥削是人类社会必然存在的特征，把分属不同阶级人们具有明显差距的生活条件的状况认为是正义的，存在总体生活前景不平等的资本主义社会也可以是正义的社会。然而尼尔森肯定了无阶级社会实现的可能性，认为在罗尔斯所说的良序社会，阶级和阶层依然存在，收入、地位和权威方面的差别依然存在，人们总体生活前景的平等难以实现，存在阶级和阶级划分的社会不可能是一个正义的社会。罗尔斯之所以承认不平等的正当性就在于他认为阶级和阶级社会是整个人类社会任何时期都无法避免的。这是对人类发展规律的错误认识。尼尔森认为，罗尔斯与恩格斯的平等主义相去甚远，恩格斯将平等的要求解释为废除阶级的要求。

罗尔斯认为，在他所指称的中度匮乏的社会，理性人会接受他的两个正义原则。在一个中度富裕的国家，总体生活前景的不平等是可以接受的，因为这有利于最少受惠者的最大利益，这样的社会依然能让人们获得基本的自由。尼尔森认为这种不平等是不可接受的，简直就是一种罪恶。罗尔斯从功利主义的角度认为，如果为了实现更大范围、更广深度的平等而缩减生活前景方面的不平等，可能会使位于底层劳工的孩子情况变得更糟，这样平等的成本也太大。尼尔森认为这种生活前景方面的不平等对人们道德和自尊方面的伤害是巨大的。罗尔斯主张采用税收来实现财富的分流，实现收入的再分配，这样最少受惠者的权益得到了最大化的保障，最不利者的不利实现了最小化，但是最小化的不利也是一种不利，仅仅因为最不利者的不利最小化，而让人们承认阶级划分、阶级差别和阶级剥削，承认生活前景方面的不平等的正义性，这与罗尔斯的信念是不相符的，因为罗尔斯认可所有人都有平等的道德价值。既然认可所有人都有平等的道德价值，我们就应该选择一种更加彻底的平等主义。

罗尔斯整个理论存在一个关键的假设是阶级划分不可避免，这是导致生活前景的不平等的决定因素。在这个假设下生活前景的不平等应该被作为一种自然状态被接受。尼尔森认为生活前景差别的终极原因是生产资料的所有制问题，而这一点罗尔斯并没有认识到。尼尔森认为按照罗尔斯的差别原则，社会的不平等肯定会越来越加剧。他相信，在以罗尔斯的两个原则为指导的社会，似乎最少受惠者的收入会更多，但如果追求更为平等的社会，最少受惠者将会拥有更多的权利，更多的自尊的善。而且事实上，在现行的资本主义社会，最少受惠者并没有从这种资本主义制度获利。罗尔斯认为生活前景的不平等对于最少受惠者来说是不可避免的，也是正义的，但尼尔森始终觉得这种不平等有违自己的正义感，甚至也违背了恩格斯的正义感。尼尔森带有功利主义的观点认为："如果我们能做到的话，为什么不以这样一种方式行事，我们就有可能尽可能减少不幸的发生，最大限度地获得幸福，或者至少（如果不是同样的情况）最大限度地满足需求？"[①] 也就

① Kai Nielsen, *Equality and Liberty*: *A Defense of Radical Egalitarianism*, New Jersey, Roman&Allanheld,1985, pp.89–90.

是，我们应该最大限度地减少这样的不幸。按照罗尔斯的两个原则行事，人们会拥有更少的道德自主和自由。

罗尔斯无法证明无阶级社会的不可能实现性，而尼尔森肯定了无阶级社会是可能实现的，如果无阶级社会一旦实现，人们将拥有更多的道德自主。尼尔森一针见血地指出人们生活前景巨大差别的根本原因在于阶级的分化。正因为阶级控制的存在，在自由资本主义秩序下，罗尔斯所崇尚的平等的自由、道德自主和自尊都是无法实现的。德沃金认为，罗尔斯作为公平的正义建立在这样的道德假设之上，即“假定所有男女都有受到平等关注和尊重的自然权利，这种权利不是由于出身、特征、功绩或美德，而是因为他们有能力制定计划并且能够伸张正义”[①]。但是如果贯彻其公平的正义原则，这些自然权利都得不到保障。从这里看出，尼尔森看到了罗尔斯公平的正义原则存在的致命弱点。

（三）人应该受到平等的尊重

毫无疑问，罗尔斯的自由平等主义理论对尼尔森的激进平等主义具有很大的影响，或者我们可以说，对尼尔森影响最大的理论就是罗尔斯的自由平等主义。从某种角度讲，尼尔森正是在批判借鉴自由平等主义的基础上形成的他自己的激进平等主义思想。

“旧式平等主义”只重视机会平等，但是罗尔斯的自由平等主义更看重结果平等，更看重人们的所得，也就是获得感。罗尔斯也认为生活前景的平等是很重要的一种平等，因为这种平等是指向未来的。尼尔森在论述他自己的激进平等主义时非常重视结果平等和生活前景

---

① Ronald Dworkin, ***The Original Position***, University of Chicago Law Review 40,no.3 (Spring 1973), p.532.

的平等，因为这两方面的平等对于个人的生存和发展，对于人类社会来说都具有核心的意义。罗尔斯的第一原则展现了道德的重要性，展现了自尊方面的平等。罗尔斯重视道德自主、平等的自尊，目的在于建构一个平等关注每一个人，每个人都受到平等尊重的制度，要求把整个人类视为一个共同体，我们都是平等的一群人，只要是社会的正常人都能够自己设计自己的生活。在进行集体决策时具有同等的发言权。虽然这是罗尔斯的美好的愿望，但是根据罗尔斯的两个原则，这样的愿望是不可能实现的。不过这的确为尼尔森提供了很好的借鉴。

（四）反思平衡的方法

反思平衡的方法是古德曼在逻辑证成领域运用过的一种方法。罗尔斯在论证中较多地运用了这一种方法。有人认为这一方法只适用于道德或更一般的规范性领域，也有人认为，这一方法适用于哲学探究的所有领域，包括一些非规范性的领域。这种方法的核心是我们必须通过我们深思熟虑的判断，通过所提出的道德原则与深思熟虑的判断进行反复比较对照，从而达到一致和平衡的状态，目的是获得理论上的自洽。反思平衡的方法又分为广义反思平衡和狭义反思平衡，被西方伦理学、道德哲学学者们广泛使用。尼尔森在构建其激进平等思想的过程中广泛使用了广义反思平衡的方法。反思平衡的方法被尼尔森广泛借鉴，用于论证其激进平等思想，但是反思平衡的方法有其自身的局限性。由于在后文中还会专门进行论述，这里就不再详细介绍。

五、对德沃金平等思想的批判借鉴

罗纳德·德沃金（Ronald Myles Dworkin）是美国著名的哲学家和法学家，在尼尔森写成《平等与自由》之前的1977年出版了《认真对待权利》。其实，他后来出版的《法律帝国》和《至上的美德》这两部著作和其他论文中，也包含了一些平等思想。虽然罗尔斯和德沃金的平等思想都属于自由平等主义的思想，但是德沃金的平等思想还是与罗尔斯存在很大的差别，当然这里的重点不是比较罗尔斯和德沃金平等思想的差别，而是介绍尼尔森对德沃金的平等思想的基本看法。德沃金的平等思想主要体现为资源平等，另外，抽象平等主义思想也非常具有影响力。由于尼尔森在很多方面赞成德沃金的观点，在这里对尼尔森有关德沃金平等思想的论述相对简约。

（一）“资源平等”只是一种形式平等

德沃金对平等是非常重视的，他主张一种平等主义的道德，特别强调资源平等。政府不应该只是一个中立的机构，公正的政府应该平等地对待人们。他说：“要求每个人都可以被允许为他毕生致力于的项目使用不超过所有人可获得的同等份额的资源……”[①] 德沃金不接受完全通过市场对资源获取情况进行调节，必须使用国家的力量来对分配中的不平等进行纠正。如果没有这种国家干预，市场将成为不公正的根源。他的第一正义原则是市场导向，他的第二正义原则是福利国家主义。第一原则我们姑且把它叫作应得敏感，第二原则是对天赋敏感

① Ronald Dworkin: *Why Liberals Should Believe in Equality*, New York Review of Books（February 1983）, p. 32.

的拒绝和对抽签运气的补偿。德沃金认为，他的第一原则会因为无序竞争、原初优势等原因导致人们不能得到应该拥有的资源，所以需要第二原则即国家福利来进行补偿和调节。他主张一种复杂的平等，或者叫作混合式平等原则，这与诺齐克有明显的不同。诺齐克不主张政府干预，主张完全依靠市场来调节收入。德沃金重视再分配，他并不认为我们时时刻刻都能达到资源平等，应该允许一些资源不平等的存在，比如政府为了国家和社会的发展，拿出一些特别的资源用于培养有天赋的科学家、艺术家是合理的。另外，德沃金认为一个良好的文化传统非常重要。他希望有“最低限度的基础，即有自尊心的人将一个社区视为自己的社区，并将社会的未来完全视为他们自己的未来”①。

德沃金所设计的制度是适用于当前资本主义社会的。在资本主义条件下，人们的投资是盲目无序的。由于投资对社会资源的配置具有重要的影响，所以德沃金希望通过他的第二原则进行调节。尼尔森认为在高度发达的社会主义社会中市场的作用只是对耐用消费品进行分配，在激进平等主义实施的社会，劳动力已不再作为商品在市场上进行交易，不再有个人投资的行为。人们的工作地点、工作方式等都是自行选择。德沃金对权力平等不够重视，如果没有权力平等，就不可能实现福利平等和资源平等。德沃金希望在资本主义背景下控制财富的差别，以便自由免遭侵害，是不可能实现的。尼尔森认为，德沃金与他对“基本的广泛的利益”的解释是不相同的。德沃金认为人们最广泛的利益在于基于某种欲望和其他一些心理状态满足标准的福利；尼尔森则认为最广泛的基本利益是财富。德沃金虽然也主张平等主义，

① Ronald Dworkin: ***Why Liberals Should Believe in Equality***, New York Review of Books (February 1983), p. 34.

但只是一种抽象的平等主义，只是致力于实现条件平等，从不承诺结果平等。

（二）每个人的利益同等重要

尼尔森高度赞扬德沃金的平等思想，认为激进平等主义应该参考德沃金“每个人的生活同等重要，每个人的利益同等重要”。事实上德沃金多次强调，不管人们出生在什么样的环境，不管人们自身的天赋怎样，一个平等主义的道德观需要相信人类社会所有成员的利益都是同等重要的。德沃金主张道德平等。道德平等当然要求同等看待人们的利益。这其实是和马克思主义是一致的。当然，尼尔森的激进平等主义也始终坚守着这一看法。这一看法也可以说是尼尔森激进平等主义的出发点。

德沃金不认为市场能够使得社会资源实现平等分配，主张用政府干预来促进资源的平等分配，尼尔森也不认可市场能平等分配社会资源。只是尼尔森所设计的激进平等主义不适用于当前的资本主义社会，而适用于未来的高度发达的社会，在那时，资源的平等分配不再需要强有力的政府干预。尼尔森在论述他的激进平等思想过程中，借鉴了德沃金的这一重要观点，或者说，尼尔森和德沃金在这一观点上是趋同的。

六、对诺齐克的反平等主义思想的批判

尼尔森在《平等与自由》这部著作里用了整整四章来探讨诺齐克的权利理论。我们姑且把诺齐克的反平等主义思想叫作权利和正义理论。权利正义理论的代表人物还有安东尼·弗卢（Antony Flew）、埃

里克·麦克（Eric Mack）、简·纳维森（Jan Narveson）和蒂伯·马汉（Tibor Machan）等，但是最具代表性的是诺齐克。实际上，他是一个彻底的反平等主义者。他对平等主义进行了猛烈的攻击，尼尔森认为有必要对他进行全面的批判。

（一）个人权利至高无上缺乏理论基础

诺齐克的权利正义理论主要体现在其著作《无政府、国家与乌托邦》（*Anarchy, State and Utopia*）里面，权利正义理论也被称为权利自由主义，诺齐克也被称为右翼极端自由主义的代表。他的极端自由主义思想主要表现在他对个人权利至高无上性的强调。

诺齐克在《无政府、国家与乌托邦》前言一开始就谈道："个人拥有权利，一些事情是没有人或团体可以对他们做的，因为那样会侵犯他们的权利"[①]。需要指出的是，诺齐克所指的权利指的是生命权、自由权和财产权等各种权利，个人权利神圣不可侵犯，但都是否定意义上的权利。比如这个生命权，诺齐克认为别人不能剥夺他的生命，别人的生命不能被伤害，但是别人没有义务帮助他延续其生命，包括国家也没有这个义务。如果我们没有做错事，即便是看到穷人处于如何糟糕的境地，都没有义务和责任去为他们减轻痛苦。诺齐克指出："个人可以为自己选择某种事情，而任何人都不可以为别人选择。"[②] 实际上就是个人权利至上。

诺齐克所设想的国家是"守夜人"式的国家，国家除了具有保

---

① Robert Nozick, *Anarchy, State and Utopia*, Blackwell Publishers Ltd,1974, p.ix.

② 〔美〕罗伯特·诺齐克：《无政府、国家和乌托邦》，姚大志译，中国社会科学出版社2008年版，第397页。

护功能外，再没有其他功能，反对通过国家强制力进行社会财富的再分配。他把财富分配问题完全交给市场，相信市场能够维护分配的公正。人们应该让渡权利给政府，让政府来维护社会基本秩序。如果扩大这种最弱意义的国家的权利，势必会影响到个人权利。实际上国家权利“最小化”的目的还是实现个人权利至上。诺齐克认为国家只需要保留其“最小化”的权利，即保护公民的权利就够了。国家处于中立者的地位，是社会矛盾的调解者，尼尔森认为，诺齐克对国家和阶级的认识是肤浅的，甚至是错误的。资本主义国家明显会保护资产阶级的利益，国家并不是保持中立态度的裁判员。也就是说，国家是为资产阶级和资本主义进行服务的。这表明诺齐克对资本主义国家的性质和国家职能一无所知，对资本主义的运作体系全然无知。按照马克思主义的观点，国家是阶级统治的工具，特别是在阶级社会，国家就是通过暴力机关为统治阶级服务的工具。诺齐克认为国家是强制力最终来源，所以主张建立权力“最小化”的国家，他没有认识到资产阶级的财产权才是最终强制力的来源，国家是为了保护资产阶级财产权而建立起来的。在资本主义的今天，那种最弱意义上的国家，权力“最小化”的国家是不可能存在的。尼尔森认为，在现代社会，如果不存在国家那是不可想象的，诺齐克也没有说明如何来保持最弱意义上的国家如何运转。仅靠自发组织起来的团体来补充国家功能是不现实的。

诺齐克认为“持有正义”是权利正义理论的核心。“持有正义”包括三个原则。第一个叫作获取的正义原则，如果某人对某物是通过正义的方式获得的，那么这个人对某物的持有就是有资格的；第二个叫作转让的正义原则，如果一个人通过转让获得某物而转让的过程是正义的，那么这个人对某物的持有是有资格的；第三个叫作对不正义的矫正原则。违反正义原则，比如通过暴力、欺骗等方式获得某物，这时应该使用矫正原则来实现“持有正义”。如果每个人都能保持“持有正义”，那么整个社会的分配就是正义的。诺齐克举了一个发现无人岛屿的例子，一个人划着船，来到一个无人的岛屿，然后开始耕种，那么他对这个岛屿的占有没有伤害其他人原有的利益，这时候这个人拥有这个岛屿就是正义的；但是如果这个人没有经过你的允许而占领了一块你耕种的土地，那这个人就是不正义的，因为他伤害了你的既得利益。当某人占有了一个原来未被占有的东西，而且这种占有没有损害其他人的利益，那么这种占有就是正义，这就是原始正义；相反，如果某人对某物的占有伤害了其他人的既得利益，那么这种占有就是非正义的。尼尔森认为，即便诺齐克所讲到“最初持有”是正义的，但根据诺齐克对资本主义自由市场的过度信任，最终必然有人持有的财富多些，有人持有的财富少些，最终依然导致人与人之间的控制成为必然。

诺齐克对资本主义自由市场的认识是不科学的。他设想在资本主义自由市场下，市场交换主体都是自由的独立个体，他们的交换都是平等和自由的交换。他认为资本主义社会人们都希望拥有一个自由的市场体系。尼尔森认为，实际上，在工业化社会，资产阶级并不希望一个自由的市场体系，而是希望拥有一个垄断的、由资产阶级决定的市场。资本家和工人在交换中的地位并不是平等的。人们看似在市场上进行自由交换和自由贸易，但是人们在做出自由选择时都有其背景因素在主导人们的活动，这些背景因素包括家庭、学校以及社会对人们的教化。工人阶级和普通市民在进行交换和所谓“自由贸易”的时候都是以自己的经济实力为基础。诺齐克认为资本主义自由市场具有高效性，但是他没有看到这种高效性的背后是对工人们的剥削，是资本家所获得的垄断价格。这种所谓的自由市场实际上是不自由的，周期性经济危机的发生就是很好的例证。尼尔森认为，或许资本主义自由市场的组织形式并不是最有效的，人类社会可能存在着更为高效的生产组织形式，更为有效的市场机制。

诺齐克把资产阶级的财产权和个人权利看得太绝对。他从历史的角度来解释资本主义社会最初的财产获得中的公正问题。这种解释是从自然权利的角度进行的解释。他只是一味相信财产权是绝对的。诺齐克实际上把个人财产权作为自由社会存在的前提。这种个人财产所有权太过绝对，甚至他认为对某物的所有权可以被赠与、被继承，甚至可以传递千秋万代。这种把资产阶级财产权绝对化的看法不只是遭到了尼尔森的反对，还遭到了 G.A. 柯亨、罗尔斯等人的反对。A.M. 奥诺雷认为，诺齐克只是武断地、以种族为中心地将财产权与西方资本主义社会某一阶段的带有历史和文化的或有产权等同起来。[①] 尼尔森强调，资产阶级财产权的来源是由历史上曾出现的社会组织形式（也就是社会制度）、社会生产方式决定的。诺齐克认为现在西方的福利国家制度就是一种劫富济贫，他没有看到富人大量消费穷人劳动力的一面，没有看到富人对穷人剥削的一面。诺齐克反对国家通过税收等方式对财产进行再分配，认为任何形式的再分配行为都是对个人权利的侵犯和掠夺。尼尔森指出："存在赋予私有权的财产制度——授予个人权利，但并非对某物的无限期权利或专有的权利，以拒绝其他任何人使用。"[②] 首先，从资产阶级的财产所有权的起源来看，就未必是正

① 参见 A.M.Honor é , "*Property, Title and Redistribution" in Property, Profits and Economic Justice*, ed. Virginia Held (Belmont, Cal.Wadsworth Publishing,1980), pp.84–92.

② Kai Nielsen, *Equality and liberty: a defense of radical egalitarianism*, Rowman&Allanheld,1985, p.258.

义的，财产可能是通过掠夺、继承等方式获得；其次，如第二点所讲到的，诺齐克没有看到资本家剥削工人的一面，资本家的财产来源是非正义的。

诺齐克对人性的假定也是不合时宜的。他主张人性恶，把人全都看成是自私的利己主义者，人们都试图一以贯之地保护自己的利益不受侵犯，他认为人们普遍都是具有不良意图的，而忽视了人与人之间还有团结合作的一面，忽视了很多人是有爱心的，更为重要的是，他忽视了人性会随时代变迁，随物质财富的丰富而发生变化。尼尔森认为诺齐克把他的权利正义论建立在人类普遍暴力、自我，并且社会各阶层互相憎恨的基础上。事实上，在现代社会，“任何人都不可以作为手段”这种说法是不可能实现的，我们处于一个互相联系的社会，避免不了彼此之间的干涉和联系。诺齐克的“人性自私论”是服从和服务于他的“个人权利至上”论的。实际上，诺齐克是一厢情愿地把某个人或者他自己的特性进行了放大化，推广到了整个人类和人类社会，尼尔森虽然认识到了人性并不都是恶的，也存在人性善的一面，但是没有站到马克思主义的高度，对诺齐克的人性观进行批判。尼尔森只看到了人性既有善的一面也有恶的一面。而马克思主义的人性观才是科学的人性观。根据马克思主义理论，人的根本属性是人的社会性。人性总是随着社会生产力的发展，随着社会制度的变迁而发生变化。

（二）平等并不必然破坏自由

诺齐克认为平等与自由是矛盾的，平等会毁掉自由。一个自由的社会就不会是一个平等的社会。即便是为了实现机会平等，也不能侵害个人所合法拥有的东西，因为诺齐克的正义完全是建立在权利的基础上。诺齐克认为权利和自由至上，那么这个权利是指的什么权利，根据他的叙述不难看出，他所说的权利就是尼尔森所讲的不受干涉的权利。正是基于此，他反对平等主义，认为平等主义与自由是相矛盾的。

诺齐克认为，不平等源自自由，其根源在于他主张以个人自由为中心，强调个人权利和自由至上。平等和自由是冲突的，所以社会出现多大程度的不平等对他来说都是可以接受的。如果要得到自由，就需要失去平等。诺齐克主张“人们不能同时拥有平等社会和自由社会”[①]，尼尔森强调，影响自由的因素主要不是再分配方式，而是资本主义社会的组织形式。平等与自由并不矛盾，平等和自由能够兼容。尼尔森指出：“资本主义不仅是平等的死敌，也是自由的死敌”[②]。尼尔森认为平等与自由并没有实质性的冲突。他对自由和平等的关系论述较多，由于在后面的章节将会进行详细的论述，这里仅作简单的论述以作为对诺齐克的反驳。尼尔森把权利分为不受干涉的权利和合作的平等关系权利。想要拥有不受干涉的权利的自由必然会损害他人的自由，不受干涉的自由在任何社会都是不被容许的，包括当今的资本主义社会。我们只能拥有合作的平等关系权利所带来的自由，这种自由与平等并没有冲突。

在诺齐克看来，不平等才是社会应有的样态，人们要求平等可能源于嫉妒。平等会损害每个人的自我价值。诺齐克把自尊等同于自我崇拜，于是认为如果大家都平等了，那么人们的自我崇拜就会

① Kai Nielsen, *Equality and liberty*: *a defense of radical egalitarianism*, Rowman&Allanheld,1985, p.230.

② Kai Nielsen, *Equality and liberty*: *a defense of radical egalitarianism*, Rowman&Allanheld,1985, p.230.

消失，自尊和自我价值也将会消失。从总体来讲，诺齐克是反平等主义的。如果非要说诺齐克支持平等的话，也只能是个人权利的平等。

尼尔森对诺齐克的批判涉及社会学批判和概念性批判。诺齐克不愿意采用尼尔森所采用的反思平衡的方法，认为道德论证不能使用深思熟虑的判断。尼尔森认为诺齐克对资本主义的现实是认识不到位的，诺齐克的目的是捍卫资本主义路线，他对社会生活的本质以及社会制度（特别是资本主义制度体系）的功用是认识不清的，对资本主义的市场甚至整个资本主义制度的运转方式是认识不清的。尼尔森认为诺齐克对平等主义的敌视无法使他达到反思平衡，无法达到深思熟虑的判断。诺齐克把工人的贫困看成是懒惰，或者不愿冒险，是咎由自取的，贫富的分化是应然的状态，这是对现行资本主义制度的强有力的捍卫。尼尔森认为这是一种毫无道德感和毫无善观念的表现。“尼尔森认为，在不同社会制度的国家中存在着不同的财产权。在资本主义国家中，这些完全资本主义式财产权并非根源于某种自然道德和自然理性，而是根源于历史上特定的社会组织形式，而这种社会组织形式又是由历史上特定的社会生产方式所最终决定的。”[①] 诺齐克的权利正义理论的核心思想是对个人权利的强调，是面向历史和现实的，也就是说诺齐克是为资产阶级利益服务的。这种对个人权利和自由的过度强调其实是非常不道德、不公平、不正义的。按照诺齐克的权利正义理论所组织起来的社会一定是个非常冷漠的社会。他对个人权利、人有财产权的此等崇拜和笃信让我们想起马克思对资本主义基本矛盾的批判。随着人类社会的发展，社会化的程度越高，社会化大生产与资本主义

① 傅强：《凯·尼尔森激进平等主义正义观研究》，中央编译出版社2015年版，第162页。

的私人占有制之间存在着巨大的矛盾，这个矛盾是资本主义的基本矛盾。如果还秉持个人财产权千秋万代的神圣不可侵犯性，资本主义的这个矛盾永远无法解决。

第三章 尼尔森激进平等思想的核心内容

一、尼尔森对平等、平等主义、激进平等主义的理解

激进平等主义是尼尔森在批判罗尔斯、诺齐克等人平等相关理论的基础上创立的一种平等主义理论。这一理论着眼于未来社会的制度设计，目的是为未来社会提供一种行动指南和理论方案，当然对当代社会也有借鉴和启发作用。在认识激进平等主义之前，有必要对平等、平等主义和激进平等主义进行一些解释，特别是要知道尼尔森是如何理解这些概念的，这也是为后面阐述尼尔森的激进平等主义的内涵作铺垫。

（一）平等

“平等”是一个从古至今谈论得比较多的话题，800多年前，钟相、杨么农民起义就提出了“等贵贱，均贫富”的口号。随着时代的变迁，平等越来越受到人们的重视。近代以来，对于平等的定义，也莫衷一是。佛教讲“众生平等”，那是从每种生物都有生命权的角度讲的平等，主要是劝诫人们不要杀生。但是在政治学、哲学和社会学中所讲的平等指的是人与人之间的平等，是社会关系中人与人的平等，主要是指政治、法律等层面的地位平等。

亚里士多德认为：“所谓平等有两类，一类为其数相等，另一类为比值相等。”[①] 这实际上是从数和量两个方面来定位平等。古希腊时期被称为古典民主的黄金时期，那时候所讲的平等也只是在奴隶主内部

① 〔古希腊〕亚里士多德：《政治学》，吴寿彭译，商务印书馆1965年版，第239页。

所实施的平等，奴隶被排斥在外；在启蒙运动时期，“平等、自由、博爱”就成了人们反封建斗争的有力口号。资产阶级所主张的平等也只是资产阶级内部所实施的平等。纵观人类社会，阶级社会的平等都只是统治阶级内部的平等，或者可以这样理解，阶级社会的平等都是形式平等。

人们常说的政治平等、经济平等，平等与自由、平等与正义这些词汇里的“平等”都讲的是社会中人与人、群体与群体之间的平等，是社会生产关系和生产方式的反映。姚大志在他的专著《平等》中认为，平等既是一种道德理想，也是一种社会理想，还是一种政治理想。最重要的平等有五个方面，即福利平等、基本善的平等、福利机会平等、资源平等和能力平等[①]。恩格斯指出：“一切人，作为人来说，都有某些共同点，在这些共同点所及的范围内，他们是平等的，这样的观念自然是非常古老的。”[②]

这里我们首先要弄清楚在尼尔森看来或者在他的本文中所讨论的平等是什么。纵观尼尔森的论述，他所说的平等指的是政治学、哲学和社会学意义上的平等，指的是社会主体（包括人、群体、阶级或者阶层）在社会交往和社会生活中被同等对待，享有同等的发展机会和权利，具有同等的待遇和地位。在尼尔森看来，平等既作为目标，又作为权利。当平等这种目标得以实现的时候，这种平等就变成了权利。尼尔森和柯亨一样，主张的是一种社会主义的平等，与资产阶级主张的平等有着本质的区别。尼尔森主张的平等是在全体公民、全体社会成员中实施的平等，是超越罗尔斯、德沃金的一种消灭阶级的真正的平等。

---

① 参见姚大志：《平等》，中国社会科学出版社2017年版，第6页。

② 《马克思恩格斯选集》第3卷，人民出版社2012年版，第480页。

（二）平等主义

平等主义的定义跟平等一样，是比较多的。麦吉尔大学的广濑岩雄（Iwao Hirose）认为，平等主义是“一类分配原则，它声称个人应该拥有影响他们生活的同等量的幸福或道德相关因素”[①]。这种定义把平等主义作为一种分配原则，实际上有把幸福量化、平均化的嫌疑。复旦大学陈云教授认为：“平等主义作为一种哲学思潮和政治思潮，主张应该实现个体间在政治权利（选举和被选举权）、经济权利（就业权、同工同酬）、社会权利（教育权、婚姻自由）等各方面的无差别的平等。”[②]这种定义把平等主义作为一种思潮，侧重于权利的平等。在现代西方哲学思想史中，平等主义是一种重要的思潮，包括G.A.柯亨、罗尔斯、约翰·罗默、朗西埃等人都是平等主义的积极推崇者。人们通常把那些主张平等主义的思想家或者学者叫作平等主义者。平等主义者主张为所有人的条件平等、平等生活前景提供基础。平等的社会环境是一种内在的善，是人们的一种内在的价值取向，平等是一种工具性的善。平等、自由、自治、民主和正义是一个完整的体系。保守主义者即便是接受条件平等，但是也不会接受结果平等。

在罗尔斯的《正义论》出版后，一度把平等主义作为一种分配正义的理论。平等主义（egalitarianism）作为政治哲学中的一种思想流派，强调性别、宗教、经济地位和政治信仰之间的平等和平等待遇。这种思潮建立在社会平等的概念之上。平等主义通常认为所有公民都应该被赋予完全平等的权利，所有人在基本价值或道德地位上都是平等的。平等主义一般有两个不同的定义，要么是一种所有人都应该被

① Iwao Hirose，***Egalitarianism***，Routledge, 2015, p.3.

② 陈云：《平等主义思潮及其反思》，《人民论坛》2020年第36期。

平等对待并拥有相同的政治、经济、社会和公民权利的政治学说，要么是一种提倡消除人与人之间经济不平等，主张经济平等主义或权力下放的社会哲学，是影响各种经济和政治制度发展的思想。也有人将平等主义定义为反映人类自然状态平等的思想流派。

尼尔森对平等主义的理解更倾向于第二种。他理解的平等主义是从哲学、社会学、政治学的角度来理解社会平等，把社会中的所有成员在法律、政治或经济权利方面的平等作为基础，强调实质平等而非形式平等。强调经济平等是尼尔森对平等主义理解的一个重要特征。尼尔森对平等主义的理解跟 G.A. 柯亨、罗尔斯等人一样，都把它当作一种强调平等的重要性，以平等为基础的学说或者思想潮流。与他们不同的是，尼尔森主张无论是社会制度的设计，还是社会正义的评价都以平等作为前提和基础。

（三）激进平等主义

所谓“激进”本身就带有变革和否定，迫切要求改变现存状况的意思。艾仑·威尔达夫斯基（Aaron Wildavsky）认为：“所谓激进平等主义，指的不仅是一种分配经济资源的方法，而且从社会学意义上讲，是一种致力于缩小人与人之间差异的文化或生活方式的观念。”[①] 比如，使人们的生活不受到女权主义的影响，寻求缩小黑人和白人与其他有色人种之间差异的民间斗争运动等。从这个定义可以看出，他把激进平等主义理解为消除不平等的一种观念，一种思想，一种斗争。在西方马克思主义学者中，理查德·诺曼（Richard Noman）和

---

① Aaron Wildavsky, *The Rise of Radical Egalitarianism and the Fall of Academic Standards*, Academic Questions, January, Volume 2; Issue 4, January, 1989, p.52.

雅克·朗西埃（Jacques Rancière）也是激进平等主义的支持者，但他们理解的激进平等主义跟尼尔森是有差别的。“在朗西埃看来，平等不是作为政治过程的结果，而是必须被那些行使它的人作为前提来设想。”[①] 朗西埃主张把平等当作一个出发点，而不是目的，主张把人们都当成智力完全平等的人来看待。解放运动，不管是工人的解放还是女性的解放运动都是平等的实现过程。朗西埃把平等放在如此重要的位置是他的平等思想被称为激进平等思想的根本原因。

尼尔森在批判罗尔斯、诺齐克等人思想的基础上所创建的激进平等思想实际上是一种对未来社会的理论建构，目的在于实现比罗尔斯等人的平等主义在程度上更高、范围上更广的平等。平等的实现程度更深、范围更广、涉及的面更宽是激进平等主义的鲜明特征。尼尔森的激进平等主义的鲜明特征在于是为未来社会所建构的一种理论，是吸收了马克思主义的一些观点、方法，吸收了“古典平等主义”、自由平等主义的一些优点的基础上建立起来的。如果以罗尔斯和德沃金的自由平等主义为中位，右边是诺齐克的权利正义理论，反平等主义的思想，左边是尼尔森的激进平等主义。从左到右，对平等的重视程度呈现一种逐渐下降的趋势。

二、尼尔森激进平等主义的四个观念和两个正义原则

尼尔森激进平等主义思想的主要观点体现在激进平等主义的四个观念和两个正义原则里面。这四个观念和两个正义原则可以说是尼尔森激进平等主义的核心内容，构成了尼尔森激进平等主义的四梁八柱。

① 宋建丽、孔明安：《激进平等与后民主时代的政治——朗西埃的政治哲学思想解读》，《南京大学学报（哲学·人文科学·社会科学）》2016年第6期。

（一）激进平等主义的四个观念

1. 整个社会的正义应被理解为要求每个人无论应得与否都受到平等的尊重，每个人不论应得与否都有权享有有助于自尊的社会条件。

2. 整个社会的正义应被理解为要求每个人都受到这样的对待，以便我们尽可能接近这样一种条件，即每个人在获得满足和承担痛苦方面都是平等的，这是实现我们普遍接受的目标所必需的（我们必须认识到，我们不能为严重残疾者和处于类似地位的人做到这一点，也不能为品位高贵的人做到这一点。后者并不那么令人担忧，但即使对他们来说，在非常富裕的条件下，我们也应该朝着这样一种状态努力）。

3. 整个社会的正义应被理解为该社会每个成员的总体利益和负担完全平等（这应被理解为涵盖一个人的一生）。

4. 整个社会的正义应被理解为一种社会制度的结构，以便每个人都能在最大程度上与所有其他人兼容，满足其真正的需要。[①]

第一个观念主要强调每个人的人格平等，每个人都应该获得平等的道德自主和自尊。整个社会要为每个人获得平等的道德自主和自尊创造条件；第二个观念强调利益共享和责任共担。当然对残疾人等弱势群体要额外照顾，特殊对待。第三个观念提出了评判社会正义的标准：每个社会成员终其一生所获得的利益和承担的责任完全平等。第四个观念强调建构一种社会正义或者社会体系，每个人的真正需要得到最大限度的满足，而且每个人需要的满足与他人需要的满足兼容。

尼尔森激进平等主义的四个观念也可以被称为四个简洁陈述。激进平等主义作为一种为未来世界所设计的理论构想，不是只在某一个

① Kai Nielsen, *Equality and liberty: a defense of radical egalitarianism*, Rowman&Allanheld,1985, pp.46-47.

领域实行，而是在社会生活的方方面面实行。实施的对象是每一个人，不是指定的某些人，更不是某国、某地区的人，而是全世界、全人类。

后面尼尔森对这四个陈述进行了补充解释，认为“真正的需要”“最大程度”“尽可能接近”这些表述不是很清楚，很难明白其确切的含义，但也是没有办法的事情。激进平等主义的正义观所要实现的是平等对待每一个人，实现覆盖每一个人的条件平等。但是，这不是平均分配馅饼，不是让每个人都得到相同数量的份额。

（二）激进平等主义的两个正义原则

1. 每个人都有平等的权利，享有最广泛的基本自由和机会平等的总体制度（包括从事有意义的工作、自决以及政治和经济参与的平等机会），这一体系与所有人受到同等对待相兼容（这一原则体现了实现和 / 或维持平等道德自主和平等自尊的承诺）。

2. 在为共同的社会（共同体）价值提供给养，为保持社会生产能力提供资本管理费用，兼顾不同的未被控制的需求和偏好，并适当考虑个人的正当权利后，收入和财富（积累的公共财富）的分配的方式应使每个人都有权获得平等的份额。提高人类福祉所需的必要负担也应平等分担，当然，要受到不同能力和不同情况的限制（这里所指的是不同的自然环境等诸如此类的东西，而不是阶级地位等诸如此类的东西）①。

第一原则强调激进平等主义要建立一种每个人都获得广泛的基本自由、权利平等和机会平等的制度，而且每个人的基本自由和平等权利相兼容。第二原则强调为了保持公平起见，为了保持社会的再生产

① Kai Nielsen, *Equality and liberty: a defense of radical egalitarianism*, Rowman&Allanheld,1985, pp.48-49.

能力，把一些产品作为公共物品预留外，其他财富和负担平等分配。在这一过程中必须考虑不同的自然环境，但是不用考虑人们的个体差异。

尼尔森把他的两个原则和罗尔斯的两个原则进行了比较，由于我们在上一章已经论述了尼尔森对罗尔斯的批判，这里就不再赘述。下面将在尼尔森四个理念和两个正义原则（特别是两个正义原则）的基础上，根据他自己的阐释和论述框架，来分析、探讨并总结其激进平等主义思想的主要主张，实现对激进平等主义更全面和深刻的认识。

（三）尼尔森对激进平等主义四个观念和两个正义原则的阐释

尼尔森认为，平等与正义密切相关，平等与自由能兼容。平等既是一种正义社会应该实现的目标，也是一种权利，而且是一种积极权利，而不是消极权利。实质性平等的实现必须依靠经济因素。经济平等是实现其他各种平等的前提。形式平等是实现实质平等的必要而非充分条件。道德平等是被普遍接受的观点，就连反平等主义的权利理论思想家都相信道德平等。平等既是权利，又是目标。尼尔森说："一开始是一个目标——在某些历史环境中，仅仅是一个启发性的理想——当目标能够现实地实现时，就会变成一种权利。"①

尼尔森对正义的理解：实现正义就是利益和负担的平等分配，但是如残疾人等非正常的人除外。"公平对待的一个重要方面是把每个人都放在平等的基点上"②。激进平等主义主张每个人都享有人权，只要一

① Kai Nielsen, *Equality and liberty*: *a defense of radical egalitarianism*, Rowman&Allanheld,1985, p.9.

② Kai Nielsen, *Equality and liberty*: *a defense of radical egalitarianism*, Rowman&Allanheld,1985, p.11.

个人能够做出选择，制订生活计划，能够伸张正义，那么就应该在价值上被视为平等的。这是基本的道德观。

激进平等主义比罗尔斯的自由平等主义追求更广泛的平等，能更好地实现平等的基本自由，更能和广义反思平衡所得到的深思熟虑的判断相一致。激进平等主义比罗尔斯的自由平等主义更能为完美的正义社会提供适当的基本原则。这些原则目的在于为所有人获得平等的基本自由。激进平等主义的实现需要在共产主义社会或者至少在一个高度发达的民主的社会主义社会，物质财富的极大丰富是必要条件。资本主义社会绝不能实现这种激进平等主义。

尼尔森认为他的两个正义原则没有优先顺序，是平行的关系。第一个原则表现了道德自主、自尊方面的平等的重要性，致力于构建一个每个人都受到平等的尊重，每个人都被平等地关注，具有平等的道德自主的社会。第一原则把人类视为一个共同体，人类中的每个人把这个群体当作平等的一群人，每个人都能设计自己的生活，并且在群体决策中享有完全相同的发言权。

他还指出，平等的自尊和平等的道德自治需要第二原则才能实现。第二正义原则的中心目的是减少社会首要善和基本善中的不平等。这种不平等是差别产生的根源和基础。这种不平等会导致人与人之间的控制成为可能。每个人都应该被视为道德人而具有平等的道德价值。第二原则的贯彻，致使每一个人的生活前景没有太大的不同。第二原则要求平等分配责任和利益，但是这种分配要与人们不同的才能和需要相匹配。尼尔森反对平均主义，平等分配不是平均分配。我们必须预留部分产品作为公共产品，医院、学校、公共交通等这些必须作为公共设施；我们还要为子孙后代留下一些公共产品，另外，为了产品再生产，必须预留部分公共生产资料。尼尔森认为，在产品分配方面，必须尽可能完全地、平等地满足所有人的不同需要，而且人们之间需要的满足要相协调。由于每个人的偏好不同，他把人们的需要分为不同的层级，至少可以分为基本的需要和额外的超出基本需要限制的需要。相同的需要，即基本需要是人类生存和发展的基础，正如恩格斯在《在马克思墓前的讲话》一文中所说，马克思发现了一个简单的事实，即“人们首先必须吃、喝、住、穿，然后才能从事政治、科学、艺术、宗教等等”[①]，基本需要以及人类共存的需要必须得到满足，基本需要以外的需要只能是尽可能地满足。

尼尔森的第二原则不是平均分配馅饼，平等地对待并不是完全相同地对待。要注意满足不同人的差异化的需要。他举了一个例子：两个女孩一个想要溜冰鞋，另一个想要雪地鞋，那么就应该分别满足这两个人不同的需要。在物质财富极大丰富，也就是充分富裕的前提下，人们有权平均获得满足需要的资源。有权利是一回事，想不想行使这个权利是另一回事。由于人们的需要和愿望是不相同的，世界上的所有人并不一定会需要同等份额的某种物品。尼尔森举例说，他有权和其他人获得平等份额的鱼布丁和软糖，但是他可能不需要这些东西而需要另外的东西，或者不需要与其他人拥有平等份额的鱼布丁和软糖。他还举了一个输血的例子。不是每个人都需要输血，起码同一时间不是每个人都需要输血，而且不同的人需要输血的量也是不同的。血浆的获得也不是平等的份额，而是公平的份额。如果需要血浆的两个人在其他方面没有区别，同等地需要，这两个人对社会具有同等重要的价值，当现有血浆不够两个人使用时，应该采取掷硬币的方式来解决。但是没有实质性差别的两个人是不存在的，两个人的境况总不会是完全相同

① 《马克思恩格斯选集》第3卷，人民出版社2012年版，第1002页。

的。如果这两个人中，A 频繁献血，B 从来没有献过，那就应该把血浆给 A；如果 A ' 是一个有三个孩子的母亲，输血后会很快康复，B ' 是 90 岁的女士，可能不久于人世，这时候应该把血浆给 A ' ；如果 A " 是社区里唯一的医生，B " 是没有职业不可救药的酒鬼，A " 活下来可以救更多的人，B " 不会改变他的生活方式，这时候应该把血浆给 A " 。这是一种功利主义的分配方式，有一定的合理性，但是也有不合理性。尼尔森认为，通过角色转换，可以证明这种功利主义分配的公平性。

他的第二个正义原则是用于调节需求差别后进行平等分配的原则。两个平等主义正义原则不存在优先性问题，一个相对富裕的社会，能够同时满足这两个原则。这两个原则也只有在无阶级的社会才能够得到满足。这样的社会就是马克思所说的“每个人的自由发展是一切人自由发展的条件”，而且这样的社会是一个实施民主政治的社会，是一个高度发达的社会主义社会或共产主义社会，人们能够对自己的生活完全地自我决定。激进平等主义的正义原则并不是永恒的原则，这种原则适用于相对富裕环境，适合于中度匮乏社会的后期，他也同意马克思的观点，认为在充分富裕的社会，分配原则已经不重要了。

马尔科维奇认为，马克思的平等观“要求废除阶级剥削，即废除资本和雇佣劳动，最后克服商品生产和市场对生产的基本调节作用”①。这是符合马克思主义的；马尔科维奇认为，要实现平等就必须废除阶级和地位的差别。这和尼尔森是一致的。虽然马克思认为未来是一个无阶级社会，但是没有具体描述无阶级社会是什么样子。马尔科维奇反对他心目中的“激进平等主义”，认为“激进平等主义”破坏个人自由。他说：“不同个人潜能的实现……与所有人都一样的生活条件是不

---

① Mihailo Markovic, ***The Contemporary Marx***（Nottingham, England: Spokesman Books,1974）, Chapter 7.p.130.

兼容的。”[①] 马尔科维奇还认为无阶级社会并不会消除社会角色和自然能力的差异，当然尼尔森也认为这些差异会持续存在，而且存在社会角色的差别是有价值的，我们应该避免的是阶级统治和经济剥削。马尔科维奇认为，废除阶级差别是必要而非充分条件。一个完全的正义社会不仅无阶级，而且也不应该有社会分层。他主张平等主义，但是不主张“严格的激进平等主义”。这种“严格的激进平等主义”在完善的分配方面坚持严格的平等份额，所有人的生活条件完全同一。他认为在无阶级社会，善是按照需要来分配的。尼尔森认为马尔科维奇所说的“激进平等主义”和他的激进平等主义是不同的。马尔科维奇所说的“激进平等主义”没有考虑差异性，类似于平均主义，只强调平均分配，而尼尔森认为我们在考虑到人们需要的差别和非社会经济环境的差别后再进行平等分配，而不是平均分配。马尔科维奇的“激进平等主义”也是尼尔森所反对的。尼尔森不想把人们控制在千篇一律的环境里，以至于人们得到同样的东西，做同样的事情，有同样的兴趣，以同样的方式进行活动，强调需求差别的重要性，当社会财富充分涌流的时候，应该实行按需分配，这就是共产主义。他指出，在一个中度匮乏的世界里，考虑差别和公共需求后，可用资源应平等分配。其实他最为关心的还不是收入分配的差异，而是不同阶级和阶层人员生活前景的不平等。如果存在生活前景的不平等，将会导致群体间的压制、支配成为可能。没有阶级和阶层是实现社会成员生活前景平等的前提。无阶层社会（statusless society）本质是政治和经济权利的平等，而政治和经济权利的平等是实现平等的自主权的前提，平等的自主权又为平等的自尊提供基础。

---

① Mihailo Markovic, *The Contemporary Marx*（Nottingham, England: Spokesman Books,1974）, Chapter 7.p.137.

尼尔森指出，在相对富裕而趋于无阶级社会的社会主义社会，人们应该拥有这样的观念：人们对被共享的同等需要的可用资源拥有平等的份额。激进平等主义的一个重要假设是在总体生活水平上平等分配利益和责任。违背假设的情况有几种：一是人们不同的真实需求和不同的情况；二是不同的偏好；三是残障人士。但是尼尔森同时强调平等对待不是同等对待，激进平等主义不主张一个灰色的千篇一律的世界，千篇一律的世界必然导致人们的自由、创造力和多样性受到破坏。尼尔森所理解的正义与平等是直接相关的，即每位社会成员所有方面的利益与责任的完全平等，但是残障人士等特殊群体需要特殊考虑。他还反复强调激进平等主义所要实现的目标是建构一种每个人的需要得到满足，这种满足最大限度地与其他人得到类似需要的满足相协调的社会体系，也就是建构一个“平等共同体”，每个人都享有社会条件上的平等，最终实现实质平等。

三、对尼尔森激进平等主义的理论体系的梳理

（一）理论前提：每个人都应受到平等的对待

西方资产阶级革命的一个重要口号就是“人人生而平等”。后来这个口号被写进了美国的《独立宣言》。特别是近代以来，平等观念在社会被广泛接受，平等已经成为人们孜孜不倦的追求。尼尔森在吸收近代西方资产阶级平等观念的基础上，又受到了马克思主义平等观的熏陶，还从“旧式平等主义”中吸收了功绩和应得的概念，从权利理论家那里接受了权利不可侵犯的理念，从罗尔斯那里借用了广义反思平衡的方法。由于上一章讨论了尼尔森对“旧式平等主义”、自由平等主

义、权利理论等理论里面所蕴含的平等观的批判或借鉴（这里强调借鉴），这里不再赘述。

马克思主义的平等观强调平等的实现程度要与生产力的发展水平一致，实现无产阶级的平等就是要消灭阶级本身，消灭阶级并不等于消灭个体差别。尼尔森强调消灭阶级的重要性，强调激进平等主义建立在物质财富极大丰富的基础上，强调平等不等于平均这些思想都来源于马克思主义的平等观。像艾伦·伍德（Ellen M. Wood）和理查德·米勒（Richard Mille）等人都认为马克思拒斥平等主义，事实上，马克思和恩格斯并不拒绝平等观念，更没有拒绝平等主义的道德。尼尔森认为平等应该作为人类终极价值的一个重要组成部分，应该作为衡量社会进步的一个重要指标和尺度。特别是马克思和恩格斯关于共产主义的理论对激进平等主义产生了深远的影响。马克思主义指出，共产主义的低级阶段即社会主义阶段，分配方式是“各尽所能，按劳分配”，在共产主义的高级阶段，由于物质财富的极大丰富，分配方式变为“各尽所能，按需分配”。正是基于共产主义社会中，物质财富的极大丰富、阶级消亡的基础，才有激进平等主义的栖息地。尼尔森认为马克思不但不是反平等主义者，实际上是平等主义者。“马克思和恩格斯想要一个没有人会被压迫、被剥夺人性或生活在苦难中的世界。他们想要一个人人都有能力控制自己生活的世界，一个自主的世界，一个包括人类福祉在内的普遍繁荣的世界”①。只是，尼尔森把平等提到了一个更高的高度，或者说更加重视平等。在激进平等主义的社会中，将有更广泛的平等条件，将有更广泛的自由，人们可以获得更大的自治和更大的自我实现。

---

① Kai Nielsen, ***Marxism and the moral point of view*：*Morality, ideology, and historical materialism***, Boulder：Westview Press, 1989, p.216.

这些都源于尼尔森的一个道德假设：人们应该得到平等的尊重和平等的关心。平等对待所有人，给予每个人平等的道德关怀是我们在制度设计时必须考虑的问题。只有财富和权力的大体平衡，才可能有平等的道德自主，才可能有平等的自尊。人们必须相信，从道德的角度来看，每个人都很重要，都是平等的。尼尔森反复提到康德的目的王国理论：我们同处一个社会中，彼此将对方作为目的王国里平等的一员而相互尊重，不能单纯把人作为工具来对待。尼尔森赞成康德的理念，把尊重人放在首位，尊崇康德的原则："个人是目的，而不仅仅是手段；他们若非自愿，就不能被牺牲或者被用来达到其他的目的。"[①]他的激进平等主义和罗尔斯的自由平等主义都有一个道德前提：所有人都应得到平等的尊重和关怀，不管人们的出生怎样，不管人们的功绩如何，只要他们能独立制订计划或者作出决定。如果一个人能认清事实，拥有强烈的道德感，进行认真推理后会赞成激进平等主义而不是其他什么主义。每个人都有平等的权利得到关注。没有人是牺牲品。

（二）实现条件：人类进入无阶级、无地位差别的社会

关于激进平等主义的实现问题，尼尔森用了大量的篇幅进行阐述。早在两百多年前，卢梭就敏锐地认识到私有制是人类社会不平等产生的根源。他说："不平等现象……是得助于我们的能力的发展和人类知识的进步，并最终是由私有制的出现和法律的实施而变得十分牢固和合法的。"[②]而私有制和阶级是相伴而生的，私有制的产生必然导致阶级

① 〔美〕罗伯特·诺齐克：《无政府、国家和乌托邦》，姚大志译，中国社会科学出版社2008年版，第37页。

② 〔法〕卢梭：《论人与人之间不平等的起因和基础》，李平沤译，商务印书馆2015年版，第124页。

的形成，私有制的消灭必然会带来阶级的消灭。在西方有着广泛影响的罗尔斯则认为，阶级的存在是社会的永恒特征，并且认为阶级的存在并不影响资本主义社会实现正义的可能性。尼尔森在其著作《平等与自由——捍卫激进平等主义》中反复强调阶级的存在是不平等、不正义产生的根源。他的激进平等思想的实现条件是无阶级、无地位差别的、物质财富极大丰富的社会。“只有在这样一个无阶级和地位差别的社会中，平等的理想（作为一个非常普遍的目标来完成的平等的观念）才能被实现。”① 在无阶级、无地位差别的社会，生产资料为社会共同所有，剥削和压迫不复存在，人们将获得自主，人们之间的关系将是人道的和互惠互利的，绝大多数人的幸福指数将有所提高；在无阶级、无地位差别的社会，人与人之间不存在实际的控制，不同的人将获得同等的尊重。尼尔森还强调，一个激进平等主义能够“繁荣”的社会将是一个在相当富足的条件下的先进的社会主义社会。② 换句话说，必须至少在一个相当富裕的先进的社会主义社会才能实现激进平等。如果物质财富不够丰富，人们之间必然会为了占有财富而进行各种各样的斗争，结果有的人占有多些，有的人占有少些，这样阶级就不可能消失，阶级矛盾就会继续存在。正如马克思在《哥达纲领批判》中指出的，“随着阶级差别的消灭，一切由这些差别产生的社会的和政治的不平等也自行消失”③。社会政治的不平等消灭的前提是阶级的消灭，而不是相反。尼尔森说：“我的激进平等主义原则意味着仅仅适用于在一个充分富足的世界——正如马克思所说，社会财富的泉源充分

① Kai Nielsen, *Equality and liberty*: *a defense of radical egalitarianism*, Rowman&Allanheld,1985, p.284.

② 参见 Kai Nielsen, *Equality and liberty*: *a defense of radical egalitarianism*, Rowman&Allanheld,1985, p.66.

③ 《马克思恩格斯全集》第25卷，人民出版社2001年版，第26页。

涌流——实际地指导实践，直接决定我们要做什么。”[①] 在这里，尼尔森引用马克思的话表明激进平等得以实现的社会意味着高度发达的生产力，只有高度发达的生产力，社会财富的源泉才会充分涌流。今天，无论是罗尔斯所指称的“中度匮乏”的资本主义社会还是像中国这样的社会主义社会，都还不具备高度发达的社会生产力，都还不满足激进平等能够繁荣的社会条件。只有在高度发达的社会主义社会或者共产主义社会，激进平等主义才能最终实现。恩格斯就曾指出：“无产阶级平等要求的实际内容都是消灭阶级的要求。任何超出这个范围的平等要求，都必然要流于荒谬。”[②] 这无疑说明了只有消灭阶级，平等问题才能最终解决。尼尔森深刻地领会了恩格斯这句话的思想精髓，认为只有消灭阶级本身，平等地实现才是自然而然、水到渠成的事情。

有人认为激进平等主义是抽象的，不可能实现，甚至不可能被接近。阶级、官僚机构和社会分层是不可避免的。这三者中任何一个不可避免，那么未来的工业社会就会是一个分层的特权社会，必然带来社会权利和权威方面的差异。也有人认为在工业社会，不平等是不可避免的，因为存在劳动分工和社会角色的差异，有的社会角色重要，有的社会角色不重要，所以对于重要的社会角色应该给予更多的奖励。这种差别奖励就是一种不平等。一些行业和职业本来人们就不想去做，只有通过激励和奖励机制才能让人才向这些职业和行业流动，这就存在收入的差别，这种收入的差别必然导致阶层的形成，相应就会出现声望、权利和权威上的不平等。尼尔森认为即使这是合理的，这在工业社会也不会是一种理性的必然。他认为人们为了获得特殊的技能所

① Kai Nielsen, ***Equality and liberty***: *a defense of radical egalitarianism*, Rowman&Allanheld,1985, p.291.

② 《马克思恩格斯全集》第26卷，人民出版社2014年版，第113页。

进行的额外的培训不能被认为是一种牺牲，这种思想完全是基于当前的意识形态出发给出的一种判断。在激进平等主义的社会，每个人在物质方面都是丰富而安全的，不管是从事医生还是律师等都不存在物质方面的担忧，也不会有额外的损失，在激进平等主义实施的社会，人们从事的劳动与当今相比都会更加满意，而且更富有挑战性。由于社会发生了改变，特别的激励已经没有必要了，或者激励的方式也会不同了。特别的激励只是针对当前社会和当前的价值体系而言的。在尼尔森看来，那时候部长和汽车修理工都是同等重要的，律师和牙科医生也是同等重要的，甚至婚姻顾问和空姐也一样的重要。

拉尔夫·达伦多夫在讲述社会观时认为："当我们思考其含义时，我们意识到，从逻辑上讲，不可能存在一个没有不平等的社会。"[①] 尼尔森解释了达伦多夫这个观点的由来，每一个社会都是一个道德共同体，既然是道德共同体，那么必然有一些道德规范来调节社会成员的行为。这些道德规范都是有约束力和强制力的，遵守规范的人会受到奖赏，违反规范的人会受到惩罚。达伦多夫认为正是这些规范使得社会分层的存在，使得不平等的存在，使得阶层得以形成。达伦多夫的逻辑是：有社会就有规范，有规范就有不平等。

史蒂文·卢克斯对达伦多夫的看法持反对意见，他认为："仅仅从社会规范的存在以及这些规范的执行将会排斥那些不遵守或不能遵守这些规范（因为他们的社会地位）的人的事实从发，并不能推导出一

① Ralf Dahrendorf, *"On the Origin of Social Inequality" in Philosophy, Politics and Society: Second Series*, eds. Peter Laslert and W. G. Runciman (Oxford: Basil Blackwell, 1962), pp. 83–109.

个全社会的不平等制度和‘社会地位的等级秩序’一定会出现。”[①]也就是说规范的存在和阶级的分化，等级的出现以及不平等的出现并没有必然的逻辑关系。尼尔森基本站在卢克斯一边，认为拥有这些规范并不会必然带来权利、地位和权威的差别，等级的出现以及阶级的分化。平等主义社会也会存在规范的约束力，但是这些规范并非压制性的。

有人认为在工业社会，不平等是必然的，因为在现代生活环境里，每个人都有一个身份。工业社会必然会存在一些特权，存在有差别的权利和权威的官僚制度。尼尔森认为当代的社会主义国家（包括苏联、中国、古巴和南斯拉夫）[②]都不是无阶级社会，西方发达的资本主义国家也没有一个是无阶级社会。不能从当前还没有无阶级社会推导出不会存在无阶级社会，仅凭经验是不行的。目前的社会主义国家都被强大的资本主义国家包围，这些资本主义国家对社会主义进行围追堵截。在当前资产阶级民主政治中，还没有看到无产阶级阶级意识的提升。当今不管是美国、德国还是日本，都没有看到无产阶级的阶级意识的觉醒，事实上目前资本主义国家内无产阶级的阶级意识还淡薄，向无阶级化发展的趋势也不明显。尼尔森对当前的国际现状进行了进一步的分析，认为世界经济动荡，垄断资本主义越来越不稳定，第三世界不平静，无产阶级的阶级觉悟可能会上升，可能会导致大规模的阶级冲突，世界范围内的无产阶级革命或将到来，世界范围内的一个强大阶级或将为实现无阶级社会而努力。他虽然并没有预测一定会发生，但是这种阶级冲突和斗争，向无阶级社会发展的可能性是存在的。无

---

① Steven Lukes, *"Socialism and Equality" in The Socialist Idea*, eds. Leszek Kolakowski and Stuart Hampshire (London: Weidenfeld and Nicolson, 1974), p. 93.

② 这里需要说明的是，尼尔森写书的时候是1985年以前，那时候苏联和南斯拉夫都没有解体。

阶级社会完全具有可预性和可能性。

另一种质疑认为这样的无阶级和地位差别的社会仍然可能是空中楼阁。假设实现了无阶级的社会，人与人之间的剥削不复存在，但是依然可能存在政治精英，特别可能存在官僚政治精英。这些精英也依然可能会控制他人，这些精英的存在以及他们较高的地位依然会使社会的不平等产生，这些不平等必然会损害平等的自尊和平等的道德自主。虽然严格意义上的阶级不存在了，但是社会中阶层和特权依然存在，社会分层必然带来生活前景方面的诸多不平等。这样的社会依然不是激进平等主义的社会。

针对这个问题，马尔科维奇开出了药方，他认为所有的社会管理功能都可以通过“民主选举、替换取代和纵向轮岗（vertical rotation）”[①] 来实现。尼尔森也认为这是一个很好的方案，我们必须要阻止形成一个专门的职业管理团体，打破体力劳动和脑力劳动的人为划分。要想阻止一个职业管理集团的形成，可以实施社会管理岗位的轮换制。尼尔森对于是否能克服社会等级地位的差别并没有肯定态度，也就是说，对无阶级社会能否实现这个问题他并没有做出肯定回答，但是他认为这样的无阶级社会完全是可能实现的，起码是一种合理的期望。尼尔森指出，无阶级社会并不是一定不能实现的，无阶级社会并不是没有差异性，无阶级社会并不取消所有人的劳动分工。有天赋的人依然存在，天赋才能也能得到很好的运用。天赋才能的存在并不意味着必然存在人与人之间的控制，无阶级社会意味着不再有等级的出现，意味着不再有阶级统治。

他做了大胆的设定，如果无阶级社会不可能实现，那么罗尔斯式

① Mahailo Markovic. ***The Contemporary Marx***, Nottingham, England: Spokesman Books, 1974, p.133.

的平等主义就是最好的、最合理的选择，如果无阶级社会能够实现，那么他的激进平等主义就是最好的选择。激进平等主义是对自由平等主义的超越。

尼尔森认为即使是在生产资料社会公有的社会，人们的总体生活前景依然可能非常不同，但是在一个工业社会，当不再存在任何私人占有或控制生产资料的情况时，人们可以改变或者减少资本主义条件下的劳动分工，人们可以发展为多才多艺，具有多方面才智和兴趣的人，做更多的工作并扮演很多不同的社会角色，实际上就是实现了马克思所讲的“人的全面发展”。人们可以进行社会设计以便改善这些不平等，实现真正的生产资料社会公有制，国家成为马克思所设想的那样——只具有管理职能的机构。正如马克思主义对未来社会的判断：国家将会消亡，剥削也将会不复存在。最为重要的是阶级将不再存在，人们的地位是平等的，没有剩余价值的榨取。尼尔森认为阶级的存在是广泛的不平等、不正义产生的根源。只要阶级消亡，无阶级社会就会到来，激进平等主义就可以得到实施。

资本主义社会资产阶级和无产阶级的矛盾非常尖锐，向复杂工业社会发展的趋势是不可逆转的。资本主义社会必然存在阶级划分。尼尔森强调，在马克思主义传统中存在一种重要的“阶级”感，马克思主义绝不认为阶级是永恒存在的。尼尔森也指出，罗尔斯错误地将阶级和阶层混为一谈，但是不管怎样混淆，罗尔斯都认为阶级划分不可避免，人们总是存在生活前景方面的不平等。目前的资本主义社会不会使最不利者获益，我们应该（实际上是必须）消除在生活前景方面的急剧的不平等，这种不平等是非常不公平和不公正的，违背了人们的正义感。他指出：“如果我们可以，我们为什么不尽可能地减少痛苦的发生并且最大化地实现幸福或者至少最大化地满足人们的需要呢？”站在社会主义正义观的立场上，我们能认识到资本主义不平等的经济权利对自由的损害，财富和权力的集中对不利者的道德自主和道德价值的伤害。自由主义者试图区分生活的政治方面和经济方面，认为即便经济不平等，但是政治自由也能为每个人带来想要的幸福。按照马克思主义的看法，这明显违背了经济对政治的决定作用这一原则。尼尔森认为，社会主义总会力求减少道德上的不平等，减少社会基本善和人类善中的不平等，在社会主义社会，群体之间的控制会减少甚至消失，将产生更多的道德自主。

在一个无阶级社会中，能够实现彻底的平等主义；而阶级社会，人们会有更少的道德自主。尼尔森明确指出无阶级社会是可能实现的。生产资料私有制是没有必要存在的，正是生产资料的私有制才使剥削成为事实，以生产资料私人占有为基础的资本主义制度不可能持续存在。阶级的存在不可能是人类社会的永恒样态；阶级分化是人们生活前景不平等的最主要的或者唯一的原因。人类的主要任务就是为实现无阶级社会而奋斗。

尼尔森认为，马克思和恩格斯常把平等正义作为意识形态来理解。并不表明马克思和恩格斯反对平等本身。恩格斯在《反杜林论》中谈道："无产阶级平等要求的实际内容都是消灭阶级的要求。任何超出这个范围的平等要求，都必然要流于荒谬。"[①] 也就是说恩格斯反对的不是平等本身，而是极端平等主义。这种极端平等主义认为人们有着一样的兴趣爱好，人们都被完全同样地对待。尼尔森对他的激进平等主义是自信的，激进平等主义会与相当富裕的社会更协调，在相当富裕的社会贯彻激进平等主义会更合理。在贫富分化很严峻的情况下，不

① 〔德〕恩格斯：《反杜林论》，中共中央编译局编译，人民出版社2015年版，第113页。

可能实现道德自主和自由，资本主义不可能实现一切人的平等自由和道德自主，人们不可能成为自己生活的主人。资本主义的财富和权力的差别导致阶级控制，阶级控制导致大多数人不可能实现平等的自由。只有在民主的、合作的、工人自己管理自己的社会，生产资料为社会所占有的社会，大多数的人们才会获得有意义的工作。尼尔森认为凡是具有道德感的人，他的激进平等主义将是理性的选择。我们不能否定无阶级社会实现的可能性。

（三）实施方略：最大限度地平等满足人们的需要

激进平等主义提出了四个观念和两个正义原则，这些原则如何在社会中加以实施，这是必须要考虑的事情。对此，尼尔森进行了大胆的设计。

首先是对满足需要的指导原则作了界定：（a）每个人的需要都要得到考虑，（b）每个人的需要都要得到平等的考虑，如果两种需要不能同时得到满足，则首先要满足更急迫的一种需要；必须寻求可共存的需要，以至于每个人的需要得到最大限度满足。当然，在这里他采用了社会功利主义的观点，把这些需要的重要性进行了排序。

有人可能认为某些人过度的奢侈性的需要永远得不到满足。尼尔森认为，如果为了满足每个人的基本需要必须牺牲掉某些人的奢侈性的需要，那么这种牺牲是应该的。正义要求相同情况同等对待。人们都希望过自己想要过的生活，做自己想做的事情。激进平等主义的核心是我们所有人的需要都应该被平等地考虑。在同等条件下，我们所有人都应该能够按照我们的意愿，以一种与其他人同样行事的方式行事。

尼尔森举了一个例子，自己购买的物资和土地修建的房子，自己住了很多年，这时候我们可以确定这个房子的所有权属于自己，但是如果遇到不可控的情况，比如战争、天灾，房屋供应不足，那么这个房屋就应该被剥夺，这也是正义的。这里，尼尔森谈到了没有人拥有对某物的绝对的资格和所有权。

其次，条件平等诉诸作为目标的平等。条件平等的真正实现必须包含这些原则所阐明的权利和义务。人们有权获得某些自由和机会，有权利平等分享世界的财富，同时有职责平等分担义务。我们的奋斗目标就是将来能够实现这些条件。当这些目标得以实现，这些权利才成为真正的权利。要实现这些权利必须要实现生产力的巨大发展。很明显，如果没有大致平等地分担负担，就不可能出现人人都有平等的生活前景或有机会平等地满足自己的需要的情况。这些正义原则所阐明的平等目标与平等权利之间的联系是这样的：以平等为目标所呼吁的条件平等，如果要真正实现，就必须包含这些原则所阐明的权利和义务。

如果没有第一项原则中提到的平等的基本自由的制度，所有人之间就不可能有平等的生活前景，也不可能有任何接近平等满足需要的实现。此外，如果没有第二项原则中提到的大致的财富平等，就不可能实现平等的生活前景或平等满足需要所需的社会条件。很明显，如果没有大致平等地分担负担，就不可能出现人人都有平等的生活前景或有平等的机会满足自己的需要的情况。

最后，激进平等主义正义原则是要在全球范围内使用，而不只是运用于特定的社会。尼尔森认为激进平等主义不能为所有可能的世界提供指导，只能为现实世界提供启发，为未来可能的现实世界提供指导。

尼尔森认为，如果他的激进平等主义在全世界得以贯彻，利益受损的是小部分资产阶级和精英们，大多数人将会受益，南北之间会发生大范围、大规模的财富转移。有人担心这样的激进平等主义是在劫富济贫，也就是说会降低富裕阶层的生活水平。尼尔森认为我们必须采取合理的方式来贯彻这些原则。当然这不是一蹴而就的，需要循序渐进地实施。尼尔森举例说，如果把美国的防务开支拿出来，马上能解决很多人的饥饿问题。要解决世界的贫困问题，我们需要推翻资本主义，建立社会主义，全社会的生产是为每个人的需求而进行的生产，而不是为剩余价值而生产。尼尔森进一步指出，非洲的粮食危机其实是世界资本主义经济运行的结果。在高度发达的社会主义社会，市场的作用已经非常小，仅限于分配耐用消费品，劳动力已经不再是商品，银行的作用已经非常小（尼尔森没有具体介绍银行的作用）。

尼尔森举了一个例子，两个医学博士，一个去了物资匮乏的边远山村，一个留在了大城市从事外科整形工作。似乎去到边远山村的应该得到更多的奖励，留在大城市的应该得到更少的奖励。尼尔森认为，应该鼓励去边远山区的那名医学博士，但是对去到边远山村的医学博士的奖励不应该是物质的，可以是人们对他的赞赏、尊重。如果完全以物质作为奖励，这些物质奖励势必会造成财富聚集而流向下一代，这会侵害社会的公平和正义。应得虽然在激进平等主义中也应占有一定的分量，但是孩子是不应得的。尼尔森认为，在高度发达的社会，效率已经不是我们优先考虑的问题了，我们应该更加重视公平，使差别不再巨大，以实现更多的条件平等。

他说："我的两条激进平等主义正义原则可以理解为，只要社会安排能够做任何事情来帮助我们满足最高级别的利益，我们就应该平等地满足这些利益。这些原则指导我们实现最广泛的基本自由和机会平等的总体体系，其中包括有意义的工作、自决以及政治和经济参与的平等机会。”①

他还区分了未经控制的需要和人类的偏好。满足我们的基本需要，即全人类的需要，对于实现我们的最高利益至关重要。激进平等主义的制度设计就是要让世界每个人都能与其他人一样平等地拥有他们所需要的东西。至于超出基本需要的偏好或者奢侈的需要，必须在不损害他人，并且平等的可共存的偏好得以满足的情况下才得以实现。当然这一切的实现必须要建构一个社会组织来实施。尼尔森宁愿使用“需要”（need）这个词汇而不使用“想要”（want）这个词汇。

尼尔森的激进平等主义所要达到的平等社会是比罗尔斯、德沃金、柯亨等人所设想的平等社会更加平等的社会。他不只强调分配中的平等，还主张生产中的平等（虽然他对生产中的平等论述很少，但是确实提到了）。除了物质生活条件方面的平等外，尼尔森更加强调总体生活前景的平等。除了强调政治权利等方面的平等外，还特别强调经济平等、实质平等。尼尔森认为：“道德自主和良好的自尊是基本的价值观。平等社会的一个基本目标是建设一个人人平等享有这些价值观的世界。”②尼尔森所描述的无阶级社会：人们在收入和权威方面差别很小，因为剥削他人的生产已经不复存在。激进平等主义所要实现的是：人们尽可能平等地分享和分担社会的利益和负担，所有人都有平等的自我发展机会，整个社会拥有每个人平等满足其基本需要的制度基础。不难看出，尼尔森所倡导的平等主义的目标着眼于未来，生产力得到更大的发展，所有的需要和兴趣都尽可能得到平等的满足。即马克思

---

① Kai Nielsen, *Equality and liberty*: *a defense of radical egalitarianism*, Rowman&Allanheld,1985, p.299.

② Kai Nielsen, *Equality and liberty*: *a defense of radical egalitarianism*, Rowman&Allanheld,1985, p.299.

所讲的“各尽所能，按需分配”。到了共产主义社会，社会财富的源泉充分涌流，每个人的需求都能得到最大化的满足，每个人按照能力分担社会责任和义务。按照能力为社会做贡献，按照需求从社会获取。激进平等主义所要倡导的是一种复杂平等，即“我们每个人，只能被当作一个人，没有人能被当作一个以上的人，按能力为社会做贡献，按需求从社会获取资源”①。

社会资源必须平等分配，不允许一些人控制或者剥削另一些人，目的是防止人与人之间形成控制关系。尼尔森认为产品极大丰富的社会，还是存在某些方面的欠缺。不能均等分配资源的时候，首先应该根据需求的紧迫程度来分配，其次应该根据改变的个人偏好来分配，最后就是掷骰子。这样平等分配所要达到的目标是：每个人自主决定获得什么，每个有相同需求的人的愿望能得到最大限度的满足。只有当某方面资源不够满足拥有这方面需求的人的时候，这种满足才会受到限制。另外，每个人在自主的情况下合理分担义务，对自己的生活能实现自我控制。激进平等主义最终是要消灭阶级，建立一个无阶级无地位差别的社会。物质财富极大丰富，人们生活前景方面不存在广泛的差别，社会福利很好，所有人的需求得到最大化满足。正如尼尔森所指出的，无阶级社会所要实现的是“每个人都尽可能多地拥有自己想要的任何东西，并将继续以充分的信息、深思熟虑的态度来满足需求，这与尽可能多的人以这种方式满足他们的需求是相容的”②。实际上，整个尼尔森所主张的激进主义平等是一种功利主义的平等，也就

---

① Kai Nielsen, *Equality and liberty*: *a defense of radical egalitarianism*, Rowman&Allanheld,1985, p.289.

② Kai Nielsen, *Marxism and the moral point of view*: *Morality, ideology, and historical materialism*, Boulder: Westview Press, 1989, p.213.

是社会平等的最大化。

（四）平等是正义的首要之义

根据不同的分类标准，正义分为生产正义和分配正义，形式正义和实质正义，形式正义和程序正义，形式正义和结果正义，社会正义和生态正义等。有人认为，正义就是一视同仁。基督教认为，肉体服从于灵魂就是正义。按照常理来理解，正义是得其应得，罚其应罚。罗尔斯认为公平就是正义，主张社会利益最大化。他所谈的正义主要是分配正义。分配正义也是西方近代政治哲学主要探讨的问题之一。罗尔斯虽然主张减少不平等，但是认为一定范围的不平等在一个正义的良序社会也是正当的，被允许的。不平等与正义可以兼容。他说："按照差别原则，当社会不平等和经济不平等有利于最不利者的最大利益时，这些不平等就是可容许的。"[①] 理查兹也认为，"正义被认为包含或暗含着平等的思想"[②]。然而尼尔森认为，正义就不允许有不平等的存在，正义与不平等是不能兼容的，正义是作为平等的正义，平等是正义的内在要求。资本主义社会之所以是一个非正义的社会就在于其整个社会充斥的不平等。尼尔森所说的正义主要还是全球分配上的正义、主张平等主义的正义。我们应该把平等当作一个正义社会的基本目标来实现。事实上，尼尔森把这一观念——平等与正义是一种和谐共生的关系——在《平等与自由》整本书中加以贯彻。社会上的每个人都应该受到平等的尊重，都有权利享受有利于自身自尊的社会条件。每

① 〔美〕约翰·罗尔斯：《作为公平的正义：正义新论》，姚大志译，中国社会科学出版社2011年版，第312页。

② David A.J.Richards, "*Jutice and Equality*," in Tom Regan and Donald VanDeVeer (eds.), ***And Justice for All*** (Totowa.N.J.Rowman&Littlefield,1982), p.241.

个公民平等地享有各种权利，不仅仅是政治权利、民主权利，更重要的是经济权利。实质性的平等应该是正义社会的首要目标。正义要求公平，而公平对待的一种重要方式就是把每个人置于平等的地位。社会上每个人可共存的愿望应该被平等地满足。实现正义就是给予每个人应得之物，虽然应得也会随着客观境况的变化而变化。尼尔森认为实现正义就是在社会上对利益和负担尽可能做到平等分配，需求得到尽可能平等的满足，责任与痛苦也尽可能平等地分担，当然允许残疾人等例外。[①] 也就是说社会的正常人都应该平等地获得利益和承担责任。只获得利益不承担责任或只承担责任不获得利益都是不正义。尼尔森在谈到他的激进平等主义正义观的四个理念时说：“社会正义从整体上来理解，应当是社会中每个成员的利益和负担总体水平的完全平等。”[②] 利益共享，责任共担是尼尔森激进平等主义的重要特点。实际上，平等是实现正义的必然前提，平等是正义的应有之义，正义必须要求平等，正义是平等的必然归宿。正义寓于平等之中，平等是正义的核心价值。在整个正义社会的构建过程中，尼尔森把平等放在基础性的地位，无论是科亨、诺齐克、德沃金还是罗尔斯，都没有把平等置于如此重要的地位。可以说，他的平等思想也是一种正义思想，他的正义观就是一种激进平等主义的正义观。一言以蔽之，平等是正义的内在要求，正义是作为平等的正义。尼尔森把平等与正义结合得如此紧密，让我们从一种崭新的角度思考正义问题，也使得他的平等思想具有了历史进步的意义。按照马克思主义的看法，平等也是正义的重要组成

---

① 参见 Kai Nielsen, *Equality and liberty*: *a defense of radical egalitarianism*, Rowman&Allanheld,1985, p.12.

② Kai Nielsen, *Equality and liberty*: *a defense of radical egalitarianism*, Rowman&Allanheld,1985, p.47.

部分。当然马克思主义更强调正义是相对性与绝对性的统一。

（五）平等与自由是兼容的

尼尔森激进平等主义主张：自由和平等相互联系，更加重视平等。如果在一个社会能贯彻他的激进平等主义，那样的社会将会确保平等的自尊、平等的自由和道德自主得以实现。有人认为，平等会损害自由，他通过对反平等主义的观点“平等削弱自由”的反驳论证了：要想自由能广泛存在，必然需要平等；自由与平等之间没有难以调和的矛盾，激进平等主义更不是自由的敌人；那些认为平等损害自由的观点是在为资本主义辩护。“自由至少需要大体上的条件平等，如果它们完全可以具象化，在产品丰富且不受资本主义攻击的社会主义社会条件下，自由和平等就能够实现。”①

尼尔森指出当代社会平等与自由的冲突就是合作的平等关系权利与不受干涉的权利的冲突。实际上，没有合作的平等关系权利，必然导致人与人之间的控制成为可能。任何一种社会都会对不受干涉的权利进行限制。“只有在平等社会中，充分而又广泛的自由才是可能的。”②激进平等主义要求社会再分配，要求“裁剪”个人财产以免控制他人，这样做会极大地提高被剥削者的自由福利，却不会极大地减少“被裁剪人”的福利。针对反平等主义者认为社会精英和有才干的人应该得到更多的财富，尼尔森认为在激进平等主义实现的社会，对有才干的人的认可可以有多种方式，比如尊敬和崇拜。我们必须阻止有才干的

① Kai Nielsen, *Equality and liberty*: *a defense of radical egalitarianism*, Rowman&Allanheld,1985, p.282.

② Kai Nielsen, *Equality and liberty*: *a defense of radical egalitarianism*, Rowman&Allanheld,1985, p.302.

人聚集财富以免造成对他人的控制。尼尔森认为，在发达的民主的社会主义社会，精英依然会得到重视，只是不会把财富、权利和对别人的控制作为奖励。针对反平等主义者认为激进平等主义不得不使用国家干预来实现激进的平等，这会破坏个人自由和道德自主，尼尔森认为这样做不会削弱他们的自由，即便被削弱也会通过公平合作的权利的实现来提升。① 激进平等主义是要实现每个人的最广泛的最大化的平等的自由，也就是整体自由的最大化，也就是实现平等的物质财富，平等满足人们可共存的需要。在这个前提下，如果损害限制了某种自由，那也是应该的。尼尔森认为：平等、自由、自治、民主和正义是一个完整的体系，平等与自由是能够兼容的。平等不会削弱自由；平等与自由相兼容。

有人认为，激进平等主义要消除不平等，实现激进平等主义要整个社会付出很惨重的代价，由此提出了几种质疑，对于此，尼尔森一一做了回应。

保守主义者认为不顾人们的权利而建立理想的分配方式的思想是不尊重人的。这种财富和善的再分配超越了人们的权利，把一些人当成了工具。为了平等而采取的权利和善的再分配是剥夺人们正当拥有之物，平等与正义是不兼容的。保守主义者不赞成人们拥有平等的权利。权利正义理论家诺齐克主张，权利得到保护就是正义得到实现，人们对他们正当获取之物拥有权利。公平并不意味着平等地分配，公平意味着不去剥夺人们有权拥有的东西。

尼尔森认为作为平等的正义观和权利理论具有一致性。一个激进平等主义者也是一个社会主义者，激进平等主义者不只是关心分配正

---

① 参见 Kai Nielsen, *Equality and liberty: a defense of radical egalitarianism*, Rowman&Allanheld,1985, pp.302-311.

义，也关心生产正义。激进平等主义关心生产中的正义实际上就是关心生产关系的变革，即私人所有制和个人控制生产工具变为社会所有制和社会控制生产工具。每个工人在劳动管理和劳动过程中有平等的发言权。劳动变为了民主控制的活动。劳动的目的是消灭阶级社会和精英管理阶层的统治。这个社会，没有老板，要实现平等的道德自主和自尊。尼尔森并不否定在共产主义社会，依然存在个人财产。房子、汽车这些东西依然是不会被拿走的个人财产。社会主义者所要消灭的私人所有权是重要生产工具的私人所有权和控制权。这些重要生产工具的所有权和控制权，是阶级分化的主要原因，是人与人之间形成统治和控制的主要原因；这种重要生产工具的所有权是当前剥削和非正义产生的根源。激进平等主义是要消灭阶级和特权，但是一些全社会普遍的个人权利是会得到完美和完整保留的。作为家用的渔船、房子、汽车这些东西并不会使人与人之间形成控制。只有对重要生产工具的私人所有和控制才是引起痛苦和贫困的主要原因，没有这种对重要生产工具的私人所有和控制，就不会引起人与人之间的控制以及所导致的痛苦和贫困。这种对重要生产工具的私人占有和控制减少了人们之间的平等权利，损害了人们的道德自主和自尊。尼尔森认为，这种对重要生产工具的私人占有和控制并不是人类生活的永恒现象，而只是阶级社会，特别是资本主义社会的一种必然特征。

权利正义论者认为任何人能够绝对地、无可非议地、正义地占有那些正当获得的任何东西，但是如何确定这些获取和转让是正当的呢？尼尔森认为按权利正义理论组织社会将会导致很多人的堕落，坚持这种对财产的绝对权是专断的，道德上是片面和无情的，忽略了我们在道德上对痛苦应该做出的反应。对财产绝对权的坚守必然导致道德融贯性的缺失。尼尔森举例说，如果一个人正在挨饿，快死了，而你可以给他一个面包，而且给他一个面包对你来说并不会造成严重的麻烦，那么这时候你为了权利而选择不给这个人面包，这显然凸显了道德上的非正当性。这是道德上的冷漠。道德规范虽然强调防止损害他人和侵害他人权利，但是也强调减轻或治愈他人的痛苦属于我们的责任。财产的再分配是道德和正义的必然要求。道德要求我们有怜悯之心。当然更为重要的是人人都有责任来改变社会体系。道德要求社会再分配，我们用心去减轻人们的痛苦绝不是对道德本质的背离。我们至少应该留给自己应有的一个最低限度的恰当的利益，不应该把人性看得那么极端化，我们是为普普通通的人类建立道德哲学，而不是为圣人建立道德哲学。

尼尔森用一句经典的话来谈自由与平等的关系，即“只有在一个平等的社会里，充分和广泛的自由才是可能的”[①]。这是尼尔森对平等与自由关系的核心论述。为了进行论证，他区分了两种权利，一种是合作的平等关系权利，一种是不受干涉的权利。合作的平等关系权利，意味着所有人都有平等的权利参与有效的政府管理，在一个经济富裕的社会，人们有权大致平等地分配社会中的影响其生活的利益和负担，并有权让彼此之间保持这样的关系，即任何人都无权支配他人的生活。不受干涉的权利指所有人都有平等的不受政府干涉的权利，人们生活在一个和平地追求自己的利益而不受干涉的社会中。显然，尼尔森所谈的权利是合作的平等关系权利，而不是不受干涉的权利。合作的平等关系权利与自由是兼容的，反平等主义者主张的是不受干涉的权利，这种权利必然与自由是相冲突的。平等与自由的矛盾和冲突体现在合作的平等关系权利和不受干涉的权利之间的矛盾和冲突。社会主义保

① Kai Nielsen, *Equality and liberty: a defense of radical egalitarianism*, Rowman&Allanheld,1985, p.302.

护的是合作的平等关系权利，而不是不受干涉的权利。必须让集体控制生产资料，不然，一些人总想行使不受干涉的权利。在社会主义条件下，不受干涉的权利一定会被制止。实际上，任何社会（包括采用激进平等主义的社会）都会对不受干涉的权利进行限制。也就是说，任何社会都不会有不受干涉的自由。尼尔森说："我们也必须认识到，在任何社会中，自由都会受到一些这样的限制，这是因为一个不规范的社会——没有规范所暗含的限制——是一个用语上的矛盾体"[①]。

奉行激进平等主义的社会保护合作的平等关系的权利，这种权利是每个公民必不可少的，激进平等主义对不受约束的自由的限制是正当的，激进平等主义保护公民的基本自由，给予公民的是最大限度的最广泛的最充分的自由体系，不保护投资、保留和遗赠的自由，而且限制买卖的自由。尼尔森为什么限制市场买卖，其原因就是市场竞争必然导致权利落入少数人之手，导致少数人会控制大多数人的生活，人们不能平等地参与政府管理。激进平等主义保护的自由是本质的自由，不保护的是非本质的自由。限制非本质的自由，可以扩大人们自由的广度。也就是说，限制一部分自由的目的是获得更多的自由并获得平等的自由分配模式。

有观点认为，如果认为平等就是正义，那么实现平等必须使用国家权力、国家干预来实现再分配，这种国家干预会干扰人们的生活，这与自由放任式的资本主义是不相容的。激进平等主义的社会是高度发达的社会主义社会。认为激进平等主义需要国家干预的人是主张一种完全自由的市场社会。他们把人们都当作极其自私的个人主义者，人们都热衷于保护自己的私有财产。这些人只看到交易，看不到合作。

---

① Kai Nielsen, *Equality and liberty: a defense of radical egalitarianism*, Rowman&Allanheld,1985, p.304.

尼尔森再次强调激进平等主义能够实现的社会将会是一个这样的社会，即共产主义社会或相当富裕条件下的高级的社会主义社会。那时候的人们将不再有市场取向，不会成为财富的积聚者和极端个人主义者。经济组织的目的是满足每个人的需要，物质匮乏问题已经被解决。每个人的基本需要得到满足，生活安定，人们受教育水平和批判能力都很高。这是一种彻底民主的社会，包括生产民主和政治民主。劳动人民集体控制自己的生活，掌握社会生产和社会管理。社会的公共机构和人们的心理动机都是完全不同于现在的。国家不再是阶级压迫的工具。人民民主管理自己的生活，设计属于他们自己的社会。国家将不会干涉个人的自由。人们都成为自己的主人。人们思考问题时都是站在“我们”的立场，而不是“我”的立场。社会将是一个相对富裕的安全的社会，每个人的需要都将会被满足。社会将尽可能地调节以使每个人的需要得到满足，将是一个稳定的大致的平等主义模式，也不需要持续的修补。人们的占有欲将不再那么强烈，不会期望把财富等东西传给后人；人们不会在意产品分配标准是否是真正的平等，因为每个人都非常富有而且有保障；人们不再是关注产品的所属问题的个人主义者。总之一句话，人们的素质达到了相当的高度，人们不会有剥削人的动机。如果有精英集团形成的苗头，民主政府或者民主的公共机构会进行调节，这样就不会损害自由及道德自主和自尊。面对人们对中央集权制（statism）的质疑，尼尔森认为实施平等主义的国家必须参与再分配事务，它必须为每个公民的福利做出或确保做出相应的平等的贡献。激进平等主义主张对资本家的生产性财产进行没收，这样资本家就不能再支配和控制无产者的生活。事实上，没收资本家的生产性财产或对资本家征税不会损害资本家的实际福利，而且无产者的实际福祉将得到极大的提高，这不应该受到道德上的批评，而是人们应该支持的举措。从整个社会来讲，它保护而不是破坏更多的自由。

一种看法是：由于平等主义，特别是激进平等主义得以贯彻的社会，要实现再分配，需要独裁主义和精英分子强制加以实施，在民主社会里人们是不接受的。尼尔森认为平等主义不需要强加于人，也不可能强加于人。我们可以通过哈贝马斯的“公共领域”理念进行道德论证，说服人们去接受作为平等的正义。而不需要强加于人甚至通过灌输。平等主义实现的唯一路径是通过耐心细致的社会论证。知识分子阶层不会把平等主义强加给不愿接受的工人阶级。他们的角色是通过批判分析或者意识形态的批判，使所在社会的意识觉悟得以提升，直到工人阶级的觉醒。

针对人们提出在激进平等主义的社会可能会削弱精英人才的自由和权利，精英人才本应该获得更多而没得到，是对他们权利和自由的侵犯。尼尔森指出，如果让精英人才因为才能而拥有控制社会的权力，那么最终精英集团将不只是控制社会的权力，他们将拥有比一般人大得多的声望，还将控制大量社会财富，以至于控制他人。社会必须照顾较低才能的人和运气较差的人，对财富进行重新分配。精英人才应该获得更多的报酬，那是资产阶级的价值观所长期灌输的结果。尼尔森认为在激进平等主义社会，精英分子的才能依然会得到肯定，对精英人才的肯定和认可可以采取多种方式，比如尊重和崇拜，不能把财富、权力作为对他们的奖励。在激进平等主义的社会，精英人才也能人尽其才。精英人才完全可以把他们能出色完成其他人不能完成的工作本身作为对自己的肯定。在一个富足的社会，人们都生活得很好而且利益都得到保障，人们不会太关注别人给那些精英人才更多的物质奖励，这些已经没有太大的意义。但是必须阻止精英人才积累财富，特别是生产性财富，因为这可能会导致他们控制处于不利地位的人的生活。尼尔森激进平等主义非常重视的一个事实是：对财产的分配不应该形成阶级或者精英阶层，不能导致对他人的控制。

精英主义者认为精英作为有才能的人应该有权对他人进行支配，尼尔森运用康德哲学进行反驳，康德把人作为目标而不是工具。在一个高度发达的社会，人们都能受到良好的教育，人们生活的社会是民主的，对于整个社会的发展方向，人们能够集体作出决定。没有必要一定让精英分子从事管理工作，因为我们所有人是平等的，我们应该把所有人看作康德目的王国中的一员，这是一种普遍接受和广泛共享的理念。尽管对精英分子来讲，不受干涉的权利受到了侵害，他们的自由略有减少，但是充分的公平合作权利方面的自由得到了全面加强，已经远远弥补了这一点。为了更好地论证，尼尔森提出了“自由功利主义”。这种“自由功利主义”认为，更多的自由，比更少的自由要好。但在很多情况下，被指为“功利主义”并不是表明它是错误的，其实也有合理的一面。当然，需要强调的是，激进平等主义不会因为他们是天才而惩罚他们，也不会剥夺他们的自由。

有的反平等主义者认为激进平等主义把所有的资源（包括你身体的可转让部分）都当成社会资源，并且为了平等的利益可以重新分配。这是对人的完整性以及自由的一种无法容忍的破坏。尼尔森指出，激进平等主义保护所有人的基本自由，并不是把所有财产都当作公共财产，而只是把重要的生产资料作为公共财产。不只是尼尔森的激进平等主义，就是其他人的平等主义也不会有这样的要求——把人的身体器官作为公共财产。尼尔森主张一个人的人格完整和身体具有不可侵犯性。任何对人的身体部位的夺取都会被视为对这个人的无礼攻击，允许这种行为存在的社会不可能是一个拥有广泛自由和平等的社会。

激进平等主义希望在一个社会中，甚至在整个世界中，每个人能得到尽可能广泛的最大化的自由，以及物质财富的平等，并且人们的其他可能的需求也得到平等的满足。只要能实现这一目标，一些自由被限制也是必要的。

一些反平等主义者认为激进平等主义是一种独裁主义，损害了自由。因为激进平等主义主张政府或者某些官员有权最大限度地、平等地分配资源，以满足所有人的需求。现实世界中不可能有人拥有这种权威，相较于陌生人，人们会更关心家人、朋友甚或同事。在现实中，人们要获得一致意见同意这种权威的存在是不可能的。尼尔森指出，抽象平等主义要被接受，必须满足一些条件，即一个人要懂得什么是道德，没有意识形态的偏见，持有公正的、对全人类关怀的态度，没有概念上的混乱。每一个道德主体必须有一种关怀人类的公正态度。人们不仅关心他们的同龄人或他们文化中的人，而且关心每个人。尼尔森认为，任何的哲学论证都是会有漏洞的。我们对激进平等主义应该有一种合理的期望。将来的某个时候，人们一定会达成一种共识，接受激进平等主义。

（六）实现途径：无产阶级阶级意识的觉醒

尼尔森试图提出一个系统的善、权利和正义的概念，认为这是一个理性的道德主体会接受并用来指导他们生活的标准。他虽然不认为社会主义的全部基础在于平等主义，但是平等主义无疑是社会主义的基础之一。社会主义不能强加于人，激进平等主义也不能强加于人。要想实现激进平等主义，把这种社会构想转化为一种社会架构，必须要对目前的资本主义世界进行变革，必须产生一场真正的群众运动，并得到广泛的群众支持。在一个物质财富相当丰富的世界里，人们逐渐会形成一种道德共识：压迫、剥削和支配别人都是错误的，全球范围内存在大规模贫困、营养不良和饥饿的人是非人道的。人们会愿意接受激进平等主义。“我试图以更抽象的方式表明，我们这个时代的资本主义秩序在道德上是不可接受，此外，它也是一种非常不公正的社会秩序。我还试图表明资本家的辩护——平等会破坏自由，一个自由社会不可能是一个完全平等的社会——是完全错误的。”①

尼尔森认为激进平等主义的实现需要有“道德权威”，因为“道德权威”可以提升无产阶级的阶级意识。另外，尼尔森非常强调阶级意识的重要作用，但是这种过分强调使得激进平等主义具有了唯心主义的意蕴。事实上，尼尔森也强调生产力的发展、生产方式的变革在实现激进平等的社会中的重要作用，正如尼尔森所说，“我的激进平等主义原则实际上是为了指导实践，直接决定我们要做什么，只有在一个如马克思所说，社会财富的源泉充分涌流的广泛富裕的世界里才能使用”②。除了达到这样一种社会状况，激进平等主义只能作为一种启发式的思想。一方面，尼尔森重视生产力发展在实现激进平等中的积极作用；另一方面，他不相信无产阶级，认为无产阶级不会放弃自身和家人的身家性命投入到自身的解放运动中。这是他过度强调无产阶级阶级意识的觉醒，强调道德权威作用的原因。

---

① Kai Nielsen, *Equality and liberty*: *a defense of radical egalitarianism*, Rowman&Allanheld,1985, p.311.

② Kai Nielsen, *Equality and liberty*: *a defense of radical egalitarianism*, Rowman&Allanheld,1985, p.291.

第四章
尼尔森激进平等思想的进步性和局限性

在第三章，我们对尼尔森的激进平等思想的主要内容进行了梳理，在这一章，将对尼尔森的激进平等思想进行评析。尼尔森的激进平等思想不管设计得多么详细，看似如何周密，但是以马克思主义的观点来审视，还是存在一些问题，而且有的问题是非常严重的。这直接关系到对马克思主义的理解，也直接关系到激进平等主义的科学性。本章将结合马克思主义的观点和方法来分析尼尔森的激进平等思想的进步性、局限性及其原因。

一、尼尔森激进平等思想的历史进步性

尼尔森的激进平等思想虽然存在很多历史和逻辑的局限性，但是毕竟他是面对当代北美和世界的时代背景，对今天资本主义的不满，甚至愤慨做出的回应，也有一些地方是可取的，或者说是有意义的。我们需要把他的进步性抑或说值得肯定的地方给择出来，全面而客观地评价其激进平等思想。

（一）具有广泛性、差异性和实质性

尼尔森的激进平等思想追求的是每个社会成员的需求尽可能得到满足，每个人尽可能平等地承担责任和义务。相对于自由平等主义而言，激进平等主义更加强调平等的广泛性。对于这一点，尼尔森在阐述激进平等主义正义观的四个理念时说："社会正义从整体上应该这样理解：要求每个人都受到同样的对待，以便我们尽可能地接近这样一种状态，即每个人得到平等的满足并平等地承担在实现我们普遍可

接受的目标中所必然遭受的痛苦。”[①] 他同时强调：“整个社会正义应该被理解为社会体系的建构，以便每个人能够最大程度地与同样行事的所有其他人在真实需要的满足方面保持一致。”[②] 他所使用的“尽可能地”“最大程度地”这些语词充分体现了激进平等主义所要求的平等的彻底性和广泛性。另外，尼尔森也非常重视人们需求的差异性，他举例说，当分配馅饼时，理论上每个人都应该分得馅饼，但这并不能理解为每个人应该拥有完全相同量的份额。[③] 可能有的人需要馅饼，有的人却不需要馅饼，而需要胡萝卜；有的人需要较多的馅饼，有的人只需要较少的馅饼。正由于各个社会成员的需求具有差异性，不同社会成员有不同的需求，而且人的需求会因时因地而异，所以我们必须要重视差异化地满足不同人的不同需求。“纵观我的两个激进平等主义原则……我不希望使人们处于状况相同的千篇一律状态，以至于他们都得到相同的东西，做同样的事情，有相同的兴趣并且通常以同样的方式行事。”[④] 马克思主义强调人的全面发展，“千篇一律”与人的全面发展是相悖的，需求的多样性才能造就一个五彩缤纷的世界。尼尔森的激进平等思想所体现的平等的广泛性和差异性的统一是和马克思主义的全面发展理论基本吻合的。

当他在谈到他的激进平等主义正义观的四个观念时，明确指出：“每个人不论应得与否都应得到平等的尊重，每个人无论应得与否都

---

① Kai Nielsen, *Equality and liberty*: *a defense of radical egalitarianism*, Rowman&Allanheld,1985, p.46.

② Kai Nielsen, *Equality and liberty*: *a defense of radical egalitarianism*, Rowman&Allanheld,1985, p.46.

③ 参见 Kai Nielsen, *Equality and liberty*: *a defense of radical egalitarianism*, Rowman&Allanheld,1985, p.47.

④ Kai Nielsen, *Equality and liberty*: *a defense of radical egalitarianism*, Rowman&Allanheld,1985, p.59.

有权享有获得自尊的社会条件。”[①] 由此可以看出，他的激进平等思想特别重视人格的平等，强调拥有平等的自尊和受到平等的尊重。实际上，尼尔森的激进平等思想强调实质性的平等。他认为，为了实现平等（即实质平等），必须要有政治和法律条件。但政治和法律条件是必要而非充分的条件，但这些还更多体现为形式的平等。而尼尔森更加重视追求实质性的平等，而非抽象的平等。这种实质性的平等主要体现在经济平等。平等不仅仅是一种权利，而更重要的是一种目标，即目标和权利的统一。一开始作为一种目标的东西可以实际地实现时就变成了一种权利。[②] 也就是说，权利的最终获得是以目标的实现为前提的。政治和法律上的平等是抽象的，而实质平等直接关系到社会成员的实际所得（获得感和幸福感），是具体的。尼尔森虽然强调权利平等的重要性，但认为实质平等更具根本性意义。这一看法是完全和恩格斯相一致的。

（二）凸显经济平等

经济基础决定上层建筑，这是历史唯物主义的基本观点。政治、法律等方面都属于上层建筑。经济基础与上层建筑之间是辩证统一的关系，上层建筑对经济基础有能动的反作用。无论如何，经济对政治、法律等方面起到基础性的作用。经济平等是实现政治平等和法律平等的保障，也是实现实质平等的前提和开端。机会平等、法律平等这些都只是形式上的平等，“平等应当不仅是表面的，不仅在国家的领域中

① Kai Nielsen, *Equality and liberty*: *a defense of radical egalitarianism*, Rowman&Allanheld,1985, p.46.

② 参见 Kai Nielsen, *Equality and liberty*: *a defense of radical egalitarianism*, Rowman&Allanheld,1985, p.9.

实行，它还应当是实际的，还应当在社会的、经济的领域中实行”[①]。这是恩格斯在《反杜林论》中对经济平等的重要论述。100多年前，恩格斯就看到了经济平等要优先于政治平等和法律平等，经济平等是比机会平等更重要的平等，经济平等在平等体系中占有基础性的地位。这是和马克思主义经济基础决定上层建筑的理论一致的。只有实现经济上的大体平等，人与人之间才不至于形成控制与被控制的关系，剥削与被剥削的关系。才能实现道德自主和自尊，才能为政治平等和法律平等提供条件，才能保障政治平等和法律平等，才能真正意义上达到机会平等。

构成社会历史条件的要素包括政治条件、经济条件、精神条件等。“其中经济的前提和条件归根到底是决定性的。但是政治等等的前提和条件，甚至那些萦回于人们头脑中的传统，也起着一定的作用，虽然不是决定性的作用。”[②] 马克思主义反对经济决定论，尼尔森也不赞成经济决定论。经济决定论只是否定政治、法律等对经济的反作用，并没有否定经济相对于政治、法律等具有基础性、决定性的意义。要实现经济平等，必须要消灭阶级，实现无阶级社会。“无产阶级能够而且必须自己解放自己。但是，如果无产阶级不消灭它本身的生活条件，它就不能解放自己。”[③] 消灭无产阶级的生活条件，就是解放自己，实现经济平等。所以尼尔森说：“事实上的法律和政治平等实际上在很大程度上取决于经济因素；法律、政治或社会平等问题不能脱离经济平等问题。”[④] 抓住了经济平等，就抓住了平等问题的根本和关键。

---

① 《马克思恩格斯全集》第26卷，人民出版社2014年版，第112—113页。

② 《马克思恩格斯选集》第4卷，人民出版社1995年版，第696页。

③ 《马克思恩格斯文集》第1卷，人民出版社2009年版，第262页。

④ Kai Nielsen, *Equality and liberty*: *a defense of radical egalitarianism*, Rowman&Allanheld,1985, p.6.

（三）重视总体生活前景的平等

尼尔森不承认“宇宙就是不公平的”这样的格言。社会不平等来源于生产资料私有制和对生产资料的控制。这是形成生活前景不平等的基础。正是对生产资料私人占有制和对生产资料的控制导致了生活前景方面的不平等。他在谈到他的激进平等主义正义观的四个观念时明确提出了“每个人不论应得与否都应得到平等的尊重，每个人无论应得与否都有权享受支持自尊的社会条件”①。他指出，按照激进平等主义的原则组织起来的社会，人们将获得更有效的公民平等权，人们能够平等地享有权利，能够实现更好的自尊的善和道德自主。这样的社会不存在罗尔斯所说的最少受惠者，因为每个人都拥有共同的或者完全接近的权力地位，社会事务也是共同管理。尼尔森把社会成员总体生活前景的平等作为激进平等的重要内容。他说：“我们必须至少以整个生活前景的平等为目标，这不能仅仅简单地理解为是为了争夺稀缺的优势地位的权利，而是要让提供给每个人平等的那种条件平等得以产生，即尽可能使资源和社会条件满足他们的需要，尽可能完全地与其他有同样需求的人相兼容。”② 实际上，条件平等是生活前景平等的基础。生活前景的平等是指向未来的，而未来才是最能够抓住的。当人们的需求愿望发生变化或与其他人的需求或愿望相冲突时，需要进行协调和调节。当社会的很多的平等汇集在一起时，生活前景的平等才成为可能。为什么他的激进平等思想要求部分产品必须被预留作为

---

① Kai Nielsen, *Equality and liberty*：*a defense of radical egalitarianism*, Rowman&Allanheld,1985, p.46.

② Kai Nielsen, *Equality and liberty*：*a defense of radical egalitarianism*, Rowman&Allanheld,1985, p.285.

公共产品来使用呢？这实际上就是为了保障总体生活前景平等地实现，也是为了保证人与人之间不至于产生实际控制。总体生活前景的平等直接关系到人类的世代发展，有利于阻断不平等的代际传递。

尼尔森强调，平等既是权利，又是目标，当目标实现的时候，就变成了权利。作为目标的平等就是每个人基本条件的平等：每个人在生活前景方面的平等。在可能的地方，每个人都应该获得平等的资源（当然要考虑人们有差别的需求）。尼尔森认为，如果即使孩子们的天赋和精力是平等的，但是企业家和底层工人的孩子生活前景有很大的差别，这样的社会不可能是一个正义的社会。把这样的社会像罗尔斯一样作为一个正义社会来接受那就是一种罪恶。按照罗尔斯的说法，贯彻他的差别原则会使底层工人和他们孩子的境况比不贯彻他的差别原则要好，让最少受惠者获得的实际利益或许增加了，但是同时，富裕阶层和广大工人收入的不平等确是更大了，这种严重的不平等对于广大工人和他们的孩子来讲是一种莫大的伤害（主要是道德自主和自尊方面的伤害），也增加了广大劳动阶级的嫉妒和愤恨。只有实现孩子们生活前景方面的平等，人们才能看到生活的希望，激发人们努力奋斗；只有实现生活前景方面的平等，人们才有奋勇前行的动力。

（四）反对平均主义

平均主义往往被认为是农民和手工业者的在产品分配中的平等观念，平均主义违背了人的需求的多样性原理，平均主义建立在人类各个方面完全没有差别的基础上。人类不管是在任何一种社会，个体差异会一直存在，人为地消灭差异性就是否定世界的多样性。世界的多样性是世界存在的前提。就是在共产主义社会，也不能实行平均主义。任何想要在现实生活中实施平均主义的做法最后都会被证明是徒劳，是错误的。

尼尔森认为必须要考虑人们的不同需求，满足不同人的不同需求是激进平等主义追求的目标。“它并不是说所有的财富都应该被均等分配，就像平均分配一个馅饼一样。”[1]“旧式平等主义”、精英主义和自由平等主义所主张的平等是比较低级的平等，这样的平等有碍于人法律和政治权利的平等，有碍于自由和机会的平等，有碍于总体生活前景的平等。

尼尔森主张的激进平等主义主张达到总体生活前景的平等：尽可能提供足够的资源和社会条件来满足每个人的需求，并且尽可能与其他人的需求相一致。对于非常富裕的社会，不只是需要得到尽可能的满足，而且愿望也得到尽可能的满足。尼尔森在这里还对需要和愿望的关系进行了梳理，随着社会的发展和时代的进步，开始作为愿望的东西后来便成了需要。一些需要是每个社会所共有的。如吃饭、穿衣、安全、友谊是每个社会的人们都存在的需要。尼尔森认为，在目前人类所经历过的社会，都存在某些物质的短缺，这时候应该首先满足人们最基本的需要，然后再依次满足人们高层次的需要。尼尔森认为在一个非常富足的社会，也不可能每个人的需要都得到满足。比如没有足够的透析机的时候，要求平等地满足每个人的需要。但是我们应该尽最大努力去做。尼尔森认为要想达到这种尽可能平等地满足每个人的需要的目标，我们必须有足够的生产能力和资源，这是前提条件。

当然尼尔森也强调，激进平等主义必须避免绝对平均主义（也就是爱森纳赫派所犯的错误）。在进行分配前，还必须预留出公共产品以及维持社会再生产的物资，还必须预留一部分作为公共开支。那种

---

① Kai Nielsen, *Equality and liberty*：*a defense of radical egalitarianism*, Rowman&Allanheld,1985, p.53.

刻意地无限制地追求平等有时候会适得其反。马克思主义早就指出过，社会的有些不平等或者叫作差异是无法消除的，比如一些人比另一些人智商高，一些人比另一些人漂亮或者英俊。还有就是地方差距永远会存在，我们只能是减少地方差距，不可能完全消除地方差距。

马克思曾经批评过斯巴达式的共产主义，也就是粗陋的共产主义，即“在理论上，当把每个人的财产、资源和机会都降到一个共同低的水平时，平等是可以实现的”[①]。在物质财富未达到“源泉充分涌流”的基础上，仅靠这种拉低和拉高来实现平等，实际上是一种平均主义，也是一种空想主义。不管是我国古代的“大同”思想，还是空想社会主义都主张过平均分配，这是不符合历史唯物主义的、不符合社会发展的一种幻想，尼尔森站在马克思主义一边，对“粗陋的平等主义”或者叫作“军营的平等主义”予以坚决反对，这具有进步意义。

（五）主张利益平等与责任共担

在激进平等主义的四个观念里面，尼尔森提出“整个社会的正义应被理解为该社会每个成员的总体利益和负担完全平等”[②]。在激进平等主义第二个原则里面再次强调了责任共担的重要性。也就是说，不只是利益、财富等要平等获取，义务、责任也应该平等分担。毕竟没有义务、责任的共担，就没有财富、利益的平等分配。这是辩证统一的关系。“利益共享”与“责任共担”之间的关系跟权利与义务之间的关系是相似的。马克思主义同样强调在财富和利益共享的同时，义务和

① 〔美〕R.W. 米勒：《分析马克思——道德、权力和历史》，张伟译，高等教育出版社2009年版，第18页。

② Kai Nielsen, *Equality and liberty*：*a defense of radical egalitarianism*, Rowman&Allanheld,1985, p.47.

责任共担。这与西方资产阶级的个人主义世界观是格格不入的。这是明显的社会主义或者共产主义的价值观，绝非资产阶级的价值观。资产阶级往往只是希望利益独享，责任不担，只想获得利益，不想承担义务。实际上，在激进平等主义能够实现的社会，也就是共产主义社会，人们的精神境界已经达到了一个很高的高度，财富、利益平等分配，义务和责任平等分担已经成为全社会共同的普遍价值观。

尼尔森并不想致力于西方福利主义的观点。福利主义压倒一切的目标是：最大限度地实现幸福或欲望以及其他心理状态的满足。尼尔森认为，激进平等主义不只是主张尽可能多地给予每个人经再三思考后想要的东西，也主张受到某些特定资格的约束后平等地满足我们的需要，平等地分配利益和负担。利益和需要被平等满足的同时责任和负担要平等分担。这是一种务实的态度，也使得激进平等主义带有一定的科学性。

二、尼尔森激进平等思想的局限性

(一) 对激进平等社会的怀疑

尼尔森的激进平等思想是为未来社会所设计的。他认为激进平等的实现必须具备一定的社会基础，这种社会基础就是无阶级无地位差别的社会，或至少也要在一个高度发达的民主的、正义的社会主义社会，但是他对“阶级”和“无阶级和无地位差别的社会”这些概念本身没有做出很好的界定，这就增加了论证中的模糊性。在马克思主义看来，只有到共产主义社会才能消灭阶级，消灭人与人之间地位的差别。尼尔森认为无阶级、无地位差别的社会对人们来说具有可欲性，它使用了大量的笔墨设计了无阶级社会的样态。人们的需求会得到尽可能的满足，人们的素质和道德达到了很高的程度，能够获得广泛的自由，能够获得道德自主和自尊，但是至于这样的社会能否真正实现，他采用的是西方马克思主义惯用的“应该”式的主观逻辑，做出了一种价值判断，而不是事实判断，因此缺乏科学性和合理性，毕竟“应该”和“必定”具有本质的区别。“应该”只是具有可能性。“必定”是历史发展的必然。马克思主义指出，对社会历史问题的研究必须遵循历史唯物主义的方法，而不是通过主观臆断，不然所得出的理论在实践中是不可能成功的。事实上尼尔森对共产主义社会能否实现持怀疑态度。他多次强调这样的社会具有实现的可能性，但并不认为这样的社会一定能实现。他说：“假设我们可以实现一个严格的无阶级社会，……”他又说：“如果无阶级社会在未来具有合理的可能性，那么像我这样的观点就是更合理的选择”。[①] 马克思主义科学地阐释了人类社会发展的一般规律，认为共产主义社会是人类社会发展中的最后一个阶段，不仅仅是可能实现，而是一定会实现的。从我们的现实经验也可以看出，随着人类知识的增长，认识能力的提高，对自然的改造能力也在提高。总体来讲，社会财富在不断地增长、人们精神境界的提高也是必然的趋势，共产主义一定会实现是不应该被怀疑的。共产主义是人类社会的最后一种社会形态，是按照科学的推理，植根于历史和现实的理论必然。激进平等主义依赖于无阶级社会，如果无阶级社会只是未来的某种可能，那么激进平等主义也只是一种可能实现的愿望。实际上，无阶级社会是人类社会发展的必然趋势，随着共产主义社会的实现，平等问题将得到彻底的解决，真正的平等将成为现实。

---

① Kai Nielsen, *Equality and liberty*: *a defense of radical egalitarianism*, Rowman&Allanheld,1985, p.78.

尼尔森没有正确把握人类社会发展的规律，对共产主义能否实现这个问题产生了怀疑。这是尼尔森激进平等思想的一个重要缺陷。

（二）对阶级意识作用的夸大

至于如何实现这样的激进平等社会，他的论述不多，但是从已有的论述来看，首先，他寄希望于通过说服教育，通过耐心细致的道德论证来让人们接受激进平等思想。尼尔森说："重要的是，通过'公共领域'中的道德论证，使用尤尔根·哈贝马斯的概念，说服人们相信它。……这里唯一的道路是通过耐心和仔细的社会论证来为平等主义辩护。"[①]说服教育固然重要，社会论证和道德论证也很重要，但是理论的说服力是有限的。尼尔森在《平等与自由》中反复强调道德论证的重要性，但是不管是多么精密细致的论证都不能代替生产力的发展。尼尔森虽然也认识到生产力发展的重要性，但是更加强调道德论证的重要性，实际上是避重就轻，舍本求末。意识形态的思想启蒙是重要的，比如文艺复兴对于资产阶级意识形态的形成就起到了很大的作用，但是资产阶级意识形态产生主要的前提和基础是社会生产力的发展。为平等主义进行辩护还必须回到实践，回到社会生活本身。在马克思看来，"全部社会生活在本质上是实践的"[②]。一种理论是否正确，是否有用和有效，必须把其放在实践中进行检验。其次，他寄望于通过批判，特别是意识形态的批判，提高整个社会的意识觉悟，特别是提高工人阶级的意识觉悟。他认为目前全世界，就算北美地区工人阶级的阶级意识都很弱，必须寄望于无产阶级充分认识社会现状，认识到剥削、

① Kai Nielsen, ***Equality and liberty***: ***a defense of radical egalitarianism***, Rowman&Allanheld,1985, p.65.

② 《马克思恩格斯文集》第1卷，人民出版社2009年版，第531页。

压迫和支配是错误的和不道德的，为构建一个真正的平等的社会而奋斗。他说："在工人阶级——绝大多数人——认为适合着手建设一个真正平等的社会之前，知识分子的角色可以，也应该是那些通过批判性分析和意识形态批判，试图使他所在的社会中的意识觉悟得以提升。"[①] 意识形态的批判、意识觉悟的提高固然重要，但不能仅仅停留在意识形态的宣传，更不能夸大阶级意识的作用。马克思认为"批判的武器当然不能代替武器的批判，物质力量只能用物质力量来摧毁"[②]。精神的、观念的东西固然重要，能起很大作用，但是也不能代替物质的力量。对主观世界改造的同时必须重视对客观世界的改造，只重视改造主观世界，而忽略客观世界的改造将会导致唯心主义。平等的实现必须依赖于对现实世界进行改造，也就是进行革命。理论不能脱离实践，更不能代替实践。对现实世界的改造不能只停留在思想和意识的层面，而必须依赖物质力量来实现，也就是需要大力发展生产力。

（三）对道德权威的高估

在实现激进平等主义的路径上，尼尔森寄厚望于现实中出现对激进平等主义的广泛支持性运动，有愿意贯彻激进平等主义的社会主义者来构建这样一种社会。这样的社会主义者必须是道德权威，并且获得社会的广泛支持。他说："我预测，我们也会得到或维持一种社会主义的社会结构，作为必然的、普遍的平等主义承诺，它会继续下去。但在平等主义成为实际政治计划的合理部分之前，它必须得到群众的支持，即便如此，为了拥有我所声称的道德权威，它也必须维持我所

---

① Kai Nielsen, *Equality and liberty*: *a defense of radical egalitarianism*, Rowman&Allanheld,1985, p.65.

② 《马克思恩格斯全集》第3卷，人民出版社2002年版，第207页。

说的更严格的共识。我声称，如果仔细研究，那些对道德理论传统有很好理解的人会拥有这种权威。”[①] 尼尔森对工人阶级能否具有革命的主体地位表达了疑虑。他认为即便工人阶级认识到社会主义的优越性，也很难有人决绝地愿意冒生命危险投身于革命活动。他把社会主义革命的胜利完全寄托于一个贯彻平等主义的社会主义者，而且这样的人还是道德权威，这明显是一种英雄史观。英雄史观往往认为，人类历史就是由某些“关键人物”创造的。至于普罗大众，被看作“消极的”“被动的”和“惰性的”，这些英雄人物才起决定性的作用。只有道德权威才有能力，才愿意去为了实现激进平等主义而努力奋斗，而普通民众往往瞻前顾后，为了自身利益不愿意做出牺牲。这种英雄史观其实质是违背历史唯物主义的，走向了唯心主义。历史唯物主义反复强调，人民群众是推动历史发展与进步的真正动力和决定力量，而个别英雄人物的历史作用是很有限的。要实现实质平等的社会，即共产主义社会，必须依靠生产力的发展，从而实现生产关系的根本性变革，必须广泛依靠群众，发挥广大人民群众作为历史推动者的作用。个别的英雄人物、道德权威固然对于平等的实现有重要作用，但是从根本上讲，历史进步的决定性力量是人民群众，历史进步的可靠保证是生产力的提高。我们不能高估了道德权威的作用。

（四）把功利主义运用于激进平等社会

尼尔森对未来社会的设计过于“完美”，甚至是进行了过度设计。针对激进平等社会中社会财富的分配问题，他的论述较多。他主张把功利主义引入激进平等社会中用于解决财富分配问题，甚至用掷骰子、

① Kai Nielsen, *Equality and liberty: a defense of radical egalitarianism*, Rowman&Allanheld,1985, p.331.

投硬币的方式作为补充。为什么尼尔森要把功利主义引入分配中呢？其原因是他认为物质方面的欠缺会一直存在，所以满足所有人的不同需要是不可能的，激进平等主义只能为最大限度满足每个人的需要创造条件。当分配前提条件大致相同时，他认为应该采用掷骰子、投硬币等类似于抽签的方式来解决；当分配前提条件不同时，他认为应该以社会利益最大化作为分配原则。在论述激进平等主义的过程中具有非常浓厚的功利主义色彩。他举了大量的使用功利主义的例子。比如，如果一个系只剩下一个研究生奖学金可供分配，有 A 和 B 两个候选人拥有资格，A 工作努力，比 B 聪明，更有可能比 B 对自己的学科做出更大的贡献，而 B 既没有天赋，又相当懒惰，那么 A 比 B 更值得获得奖学金；如果其他条件相同，正义要求 A 得到它，而不是 B。即使在一个改变了的环境中，A 和 B 之间唯一相关的区别是 A 比 B 更努力，也会得到同样的结果。事实上，同样的判断仍然存在，即使我们知道，如果 B 获得了奖学金，他会改过自新，像 A 一样努力工作。但是 A 仍然应该获得奖学金，而不是 B。他还举了三组有关输血的例子进行说明。两个人都需要血液，而血浆明显不够两个人使用，在其他方面没有明显差异的情况下，曾经献过血的人应该得到血浆；同样是有两个人需要输血，一个是三个孩子的母亲，输血后可能很快康复，一个是 90 岁的女士，神志不清，可能不久于人世，血浆应该给予前者。如果是两个中年单身汉，都生命垂危需要血浆，而现存的血浆不够两个人使用，如果一个是没有职业和无可救药的酒鬼，而另一个是社区唯一的医生，这时候应该把血浆给这个医生，因为医生被救活后能为社区继续提供医疗服务。[①] 这是把社会功利主义作为激进平等社会分配原则

① 参见 Kai Nielsen, *Equality and liberty*：*a defense of radical egalitarianism*, Rowman&Allanheld,1985, pp.56–57.

的生动案例，但是这显然是存在问题的。首先，现实生活中前提条件完全相同的情况是很难出现的，或者几乎是不会出现的，所以掷骰子、投硬币的方式几乎不可能用到。其次，在他所举的例子中，这种社会功利主义用于罗尔斯所指称的“中度匮乏”的社会，从某种角度来说有其合理性，但是激进平等主义是为未来社会，即高度发达的社会主义社会及共产主义社会所设计的理论。根据马克思主义理论，在共产主义社会，物质财富极大丰富，生产力高度发达，整个人类的思想觉悟和精神境界已经达到了一个很高的程度，在分配上不需要或者不再需要功利主义，更不需要使用掷骰子、投硬币的方式来实现公平分配。

由于尼尔森对无阶级、无地位差别的社会能否实现表示怀疑，对将来社会是否物质财富极大丰富存在怀疑，导致在激进平等社会的分配原则里引入功利主义，这已经违背了他所提出的平等主义正义原则。因为平等主义正义原则的核心是每个人获得公平的对待，引入功利主义后却表现为区别对待。由于尼尔森没有把握人类社会发展的规律，对生产力的发展进步没有足够的信心，认为物质匮乏问题是人类所不能解决的永远存在的问题（这一点跟罗尔斯一样），才让功利主义在他的理论中出现。从这个意义上讲，尼尔森的激进平等思想成了空中楼阁，带有明显的乌托邦色彩。

（五）对平等主义正义原则的厘清不够

尼尔森在谈论激进平等主义正义的四个观念和平等主义正义原则时使用了“尽我们所能地”“最大程度地”“最广泛地”“真正需要”这样一些词汇，一方面，这体现了激进平等主义具有广泛性、差异性和实质性等特点；另一方面，他没有对这些重要概念进行深入的分析和界定，这就导致这些概念含糊不清。比如，什么是“尽我们所能地”？

怎么才能做到“尽我们所能”？既然是“尽我们所能”，那么分配的主体就是我们，我们如何来分配，只有分配的原则，没有实际可行的实施方案和办法是不行的，这些分配原则如何强有力地推行等这些问题也都没有解决。“最大程度地”“最广泛地”这些用语也是模棱两可的。按照马克思主义的理论，阶级的消灭是必然的，但是人们之间天然的个体差异是无法消除的。另外，激进平等主义如何解决地区之间的差异。将来的世界或许有人会住在外太空，那么资源如何平等分配？尼尔森提出尽可能地、最大限度地平等满足人们的需要，但由于人们的需要是千差万别的，对于如何精准识别人们的需要，如何无争议地排列各种需要这些问题，他没有给出确切的答案，激进平等主义的社会应该如何进行组织，也就是说社会架构应该是怎样的，且不谈激进平等社会的生产如何组织，我们只谈谈分配如何组织，尼尔森没有给出具体的办法和措施。在尼尔森的激进平等主义的四个观念和平等主义正义的两个原则中，充斥着一些抽象的描述。比如，激进平等主义正义观的四个理念里面谈到“平等的满足”，由于人们的需求千差万别，平等满足是如何定义的，没有进行很好的界定。由此导致他的激进平等主义从原则到实施方略都太过抽象，缺乏实践性和可操作性。

尼尔森在他激进平等主义正义观的四个观念中谈到“涵盖人的一生的完全平等”，这个“完全平等”如何理解？是从何种意义上来说的“完全平等”？这明显有些绝对主义的倾向。以至于人们不得不怀疑尼尔森的激进平等主义会不会只是一种“思想实验”。按照辩证唯物主义的看法，平等是相对性和绝对性的统一，是一个无限趋近的过程。虽然尼尔森也反对平均主义，但是这种完美主义和绝对主义倾向使得激进平等主义具有了“平均主义”的意味，从而缺乏现实可行性。

（六）对生产中的平等问题的忽视

在现代社会中，社会产品通常会经过生产、分配、交换、消费等环节，到了无阶级社会，即便不再有市场经济，不再有交换这个环节，但是生产环节是不可避免的，是必然存在的。尼尔森也谈到了生产中的平等的重要性，但是相对于分配中的平等，他是惜墨如金。按照马克思主义，生产决定分配，从某种角度来说，生产实际上是比分配更重要的环节。我们应该更加重视生产中的平等，而不是分配中的平等。因为往往生产比分配更重要。可以合理地估计，尼尔森应该是深受西方分析马克思主义的影响。在整个分析马克思主义传统里面，在罗尔斯的《正义论》风靡全球后，人们更多的是谈分配中的平等，而不重视生产中的平等。尼尔森反对生产主义是对的，对生产中的平等也有所谈及，他希望激进平等的社会是一个民主控制劳动，没有老板的社会。他说，我们需要民主控制关于生产什么的决定，谁来生产，生产多少。尼尔森在解释马克思的“各尽所能”时，也谈到了我们无一例外地都应该承担社会上需要完成的工作的公平份额。但是对生产中的平等论述太少。生产是社会生活中一个非常重要的环节，是社会财富的主要来源，直接决定分配什么样的产品，所分配产品数量和质量。唯物史观认为，物质资料的生产是人类社会赖以生存的物质基础。生产和分配都是社会运行中重要的环节。只有将平等问题置于生产关系中，才能作出科学的评价。尼尔森虽然谈到了在激进平等的社会中，重要生产资料由社会公共占有，但是生产如何组织？人们在生产中的地位如何？这些方面没有具体讨论，只是用抽象的“民主控制劳动”来一笔带过，这是一个重大的缺陷。

三、尼尔森激进平等思想局限性产生的根源

（一）对人类社会发展规律的无视

马克思和恩格斯对人类社会发展历史进程进行了深入研究，认为人类社会必然先后经历原始社会、奴隶社会、封建社会、资本主义社会和共产主义社会这五种社会形态，社会形态的更替遵循着不以人的主观意志为转移的客观规律。“跨越理论”告诉我们，至于某个地方、某个区域或许并不一定都经历这五种社会形态，但是朝着这个方向向前发展那是历史的必然。历史长河，浩浩荡荡，总会向前的。人类社会的发展可以用“螺旋式上升，阶梯式进步”来做比喻，即便有倒退，那也是暂时的。社会主义属于共产主义的初级阶段，社会历史发展必然最后到达共产主义的高级阶段。在历史演进过程中，生产力的发展是人类社会前进的决定力量。无疑，生产力发展的总趋势也是向前的，某个地区、某个国家生产力发展可能会面临暂时的停滞甚至倒退，但并不会影响生产力向前发展的总趋势。既然生产力向前发展是历史的必然，物质财富的极大丰富也是历史的必然。我们不应该用怀疑的眼光来看待物质财富的极大丰富的可能性。就从我们的社会实践也可以看出，从全人类发展的历程也可以看出，现代社会物质财富的丰富程度远高于古代或者近代社会。我们应该用开放的、乐观的心态来看待历史的发展。尼尔森对未来社会财富能否极大丰富深表怀疑，其实质是对共产主义能否实现表示怀疑。这是他把功利主义引入激进平等社会中的主要原因，在阶级社会或者今天这样一个罗尔斯所指称的“中度匮乏”的社会，把功利主义运用于某些场合的分配活动中或许是合

理的，但是，在高度发达的民主的社会主义社会或者共产主义社会，物质财物极大丰富，人们的精神境界已经达到了前所未有的高度，不再需要使用功利主义。尼尔森对社会历史发展规律认识上的错误也是他对无阶级无地位差别的社会能否实现表示怀疑的原因。平等和正义一样，其实现都只能是一个循序渐进的过程，都只能从平等和正义的低级阶段一步一步向高级阶段迈进。平等和正义都是相对性和绝对性的统一，有什么样的生产关系或者生产方式，就应该有什么样程度的平等，评判平等实现程度的标准只能是生产力标准，没有其他的标准。我们必须坚信在未来社会，平等将达到一个新的高度，这是不以人的意志为转移的人类社会发展的历史规律所决定的。

（二）对人类历史创造者的误读

马克思主义认为，人类历史的发展离不开社会基本矛盾的运动。即生产力和生产关系的矛盾运动，经济基础和上层建筑的矛盾运动。这两对矛盾运动是人类社会向前发展的决定因素。而把这两对矛盾统一在一起的当然是人的实践。生产力的发展离不开实践，经济基础的夯实离不开实践。而实践的主体无疑就是人民群众。不管是物质财富的创造，还是精神财富的创造，抑或是社会变革活动，人民群众都是主力军。“历史活动是群众的活动，随着历史活动的深入，必将是群众队伍的扩大。”[①]毛泽东也指出：“人民，只有人民，才是创造世界历史的动力”[②]。人民群众在创造历史的过程中起决定作用。“英雄人物”或者“伟大人物”虽然也起到一些特殊作用，但终归是时代创造的，带有很大的偶然性。具有道德权威的社会主义者或者我们直接称之为“道

① 《马克思恩格斯文集》第1卷，人民出版社2009年版，第287页。

② 《毛泽东选集》第3卷，人民出版社1991年版，第1031页。

德权威”对于促进平等的作用是有限的，离开了生产力的发展和社会现实，苦口婆心的说教也难以起到作用，离开了人民群众的实践活动，激进平等主义终归是妄想。尼尔森把激进平等的实现寄予拥有道德权威的贯彻平等主义的社会主义者，过度强调并夸大“道德权威”的作用，过度强调个别英雄人物的作用，对具有道德权威的社会主义者寄予了太大的期望，这严重偏离了马克思主义的群众史观，走向了英雄史观，事实上就是一种历史唯心主义，是不可取的。实际上，尼尔森并没有完全理解马克思的历史唯物主义，或者说尼尔森对马克思的历史唯物主义只是一知半解，所以才会在这里跌入唯心史观的泥潭。这种实现激进平等的未来社会的路径在实践上是行不通的。

（三）对社会意识与社会存在辩证关系的歪曲

马克思主义认为，意识产生于物质，为物质所决定，社会意识依赖于社会存在。“思想、观念、意识的生产最初是直接与人们的物质活动……人们的想象、思维、精神交往在这里还是人们物质行动的直接产物。”[①] 另外，社会意识通过人类的实践活动对社会存在具有能动的反作用，“没有革命的理论，就不会有革命的运动”[②]。社会意识和社会存在是一种辩证的关系，社会意识从社会存在产生，社会存在对社会意识具有决定性作用，同时，社会意识反作用于社会存在，对社会存在具有能动的反作用。但是我们不能一味夸大这种反作用，只能好好利用这种反作用来为促进生产力的提高、促进人类社会的进步做出贡献。平等的最终实现必须以社会物质财富极大丰富为前提，也就是必须以生产力的极大发展为前提。尼尔森对通过说服教育，耐心细致地道德

① 《马克思恩格斯选集》第1卷，人民出版社1995年版，第72页。

② 《列宁选集》第1卷，人民出版社1995年版，第311页。

论证来让人们接受激进平等思想寄予了太大的希望。他希望通过批判，意识形态的批判，也就是对资本主义的无情批判，促使工人阶级觉醒，让工人阶级起来为改变现状、消灭剥削和压迫，建立真正平等的社会而努力奋斗。马克思主义认识论告诉我们，社会意识是对社会存在的反映。社会意识和社会存在之间只能通过实践这一桥梁，实现良性的互动，才能促进整个社会更好地向前发展。尼尔森多次高度地强调提高无产阶级的阶级意识来推动平等实现的重要性，而对社会生产力本身的提高、实践的发展这些方面提及甚少。离开生产力的提高、实践的发展而一味强调无产阶级阶级意识的提高对促进平等的重要作用，使得激进平等主义的建构成了空中楼阁。正如傅强所言："他寄希望于通过提升无产阶级的阶级意识来推翻资本主义实现社会主义，这一思路在理论上是浪漫的，而在实践上则是行不通的。"[①]

（四）对反思平衡方法的偏信

首先有必要了解反思平衡方法的前世今生。纳尔逊·古德曼（Nelson Goodman）在他1954年出版的著作《事实、想象与预测》一书中提出了反思平衡这种方法，后来罗尔斯在《正义论》里面大量使用，随着《正义论》在西方伦理学界的广泛传播，反思平衡这种方法也被伦理学和政治哲学的学者们广泛使用。罗尔斯对反思平衡的方法做了一个大概的定义，即在寻求对原初状态最佳的解释过程中，我们首先通过描述，然后，我们看看这些条件是否足以产生一套重要的原则。如果发现有差异或者冲突，我们可以修改初始情况的说明，也可以修改现有的判断，这样反反复复，要么修改对原初状况的描述，要

① 傅强：《凯·尼尔森激进平等主义正义观研究》，中央编译出版社2015年版，第188页。

么修改现有的判断，最终我们将找到一个对初始情况的描述，该描述既表达了合理的条件，也产生了我们经过适当删减和调整的深思熟虑的判断相匹配的原则。[①] 学者李志江认为："所谓反思平衡就是把各种判断、原则进行反复比较，当它们之间有冲突的时候，我们就对他们作一些限制、修改，最终实现所有判断和原则之间的融贯。"[②] 对于反思平衡这种伦理学方法，学者罗会宇、张海强出版了专著《伦理学视域下反思平衡方法研究》。罗会宇、张海强指出，反思平衡的方法既不是道德直觉主义，也不是道德先验主义，而是道德论证和伦理学研究的第三种方法。[③] 他们把道德直觉、深思熟虑的道德判断、道德原则和背景理论作为反思平衡的四大构成要素[④]，认为反思平衡的方法就是综合运用演绎和归纳，通过谨慎的推理和修正，使道德原则和理论前提与经过深思熟虑的判断达到一致[⑤]。实际上，反思均衡是通过一般原则和特定判断之间的相互协商和调节过程而得出的一组信念之间的平衡或连贯性状态，是一种融贯论的方法。一般来说，人们把反思平衡的方法分为狭义反思平衡和广义反思平衡。狭义反思平衡要求在一个信念系统内部达成一致，没有考虑这个观念系统以外的各种论证力量；广义反思平衡要求在多个信念系统内部达成一致，必须考虑某个观念以外

---

① 参见 John Rawls, *A Theory of Justice* (Cambridge, Mass.Harvard University Press,1971),p.18.

② 李志江：《作为伦理学方法的反思平衡：意义与局限》，《科学·经济·社会》2006年第4期。

③ 参见罗会宇、章海强：《伦理学视域下反思平衡方法研究》，中国社会科学出版社2020年版，第2页。

④ 参加罗会宇、章海强：《伦理学视域下反思平衡方法研究》，中国社会科学出版社2020年版，第62—76页。

⑤ 参加罗会宇、章海强：《伦理学视域下反思平衡方法研究》，中国社会科学出版社2020年版，第39页。

的其他论证力量。

反思平衡这种方法的确存在这样那样的非科学性。首先，在道德理论的研究中，仅仅通过归纳和演绎的方法是不够的，我们还必须综合运用其他方法，比如分析与综合、抽象与概括、比较以及系统思维等方法。其次，反思平衡过分相信道德直觉，有直觉主义的影子。道德直觉虽然是研究道德理论的开端，但是按照马克思主义的观点，直觉往往是靠不住的，直觉只是感性认识，需要掌握足够多的材料，发挥人的主观能动性，然后才是运用上面所讲的方法，让感性认识上升为理性认识。最后，经过深思熟虑的判断的前提是理性人。这个理性人的定义是模糊的，什么是理性人？不同的人可能都声称是理性人，这些人经过深思熟虑的判断得出的结果都可能是不一样的。由于不同的人生活阅历、人生的经历、学识等各方面差异很大，实际上他们都是从不同的背景开始进行道德判断，很难达成一致的反思平衡，很可能达成多种反思平衡，很容易导致相对主义。

在对激进平等主义进行建构的过程中，尼尔森使用了反思平衡的方法，准确地说，是广义反思平衡的方法。广义反思平衡这种方法在使用起来是非常困难的。既要考虑各种道德原则、道德理论、道德判断，还要考虑各种信念系统之间的融贯。我们不可能考虑所有相关理论、相关信念系统，所以理论分析缺乏完整性，加之各个信念本身的可信度等原因，我们很难保证反思平衡所获得理论的准确性。尼尔森认为这种被罗尔斯广泛采用的方法是一种非常科学的方法、可靠的方法，并对这种方法深信不疑。尼尔森认为用于构建激进平等主义的基本概念是相互界定的，整个激进平等主义理论体系包含的基本观念都是互相依存的。比如，他认为他的两个平等主义正义原则就是相互依存的，不存在矛盾。尼尔森通过把他的激进平等主义与精英主义、自由平等主义和权利平等主义进行比较，认为一个理性人经过深思熟虑的判断，应该会更接受他的激进平等思想。深思熟虑的判断是反思平衡中的一种非常重要的步骤。由于不同的人所处的环境不同，通过深思熟虑的判断，很难达成相同的认知和理念，所以深思熟虑的判断在道德判断中的可靠性是值得怀疑的。何为理性人这个问题本身也存在着很大的争议。不同生活阅历的或者不同文化背景的“理性人”进行深思熟虑的判断所得出的结论是很难相同的，甚至可能完全相反。理性人经过深思熟虑的判断后会接受他的平等主义正义原则只是尼尔森主观上的一种美好愿望。

尼尔森沿袭了分析哲学的传统，通过语言分析和逻辑分析来论证自己的观点。他通过对罗尔斯、德沃金、诺齐克等人平等思想的比较分析后，发现了他们平等思想的漏洞和缺陷，比如他认为罗尔斯作为公平的正义第一原则和第二原则存在矛盾，诺齐克无法处理原始正义问题等，从而在自己的激进平等主义正义原则中想要避免类似矛盾；他试图通过回复人们对他的激进平等思想所进行的可能的反驳和批评，来达到理论的“自洽”，但他并不可能穷尽每一条可能的驳斥和批评。他把现代逻辑引入用于建构他的激进平等思想，目的是自圆其说。逻辑分析固然有其优势，但是逻辑分析有时会脱离经验、脱离历史、脱离实践。

马克思、恩格斯在论述他们的平等思想的时候采用的是历史唯物主义的方法。马克思和恩格斯从生产力与生产关系、经济基础与上层建筑之间的矛盾运动规律出发来阐释平等问题，认为平等问题的产生、发展和解决都离不开生产力的发展，离不开生产方式的根本变革，离不开实践。人类社会不平等的产生是生产力发展的结果，解决人类社会的不平等问题同样需要生产力的发展。人类只有进入共产主义社会才能最终真正解决平等问题。恩格斯说："无产阶级平等要求的实际内容都是消灭阶级的要求。任何超出这个范围的平等要求，都必然要流于荒谬。"[①]到了共产主义社会，阶级消亡了，国家也消亡了，阶级压迫不复存在，平等问题就不再是问题了；到那时，整个社会成了自由人的联合体。马克思主义认为，我们研究平等问题必须要结合时代，结合社会历史发展的阶段，平等的实现程度与生产力的发展程度是相一致的，平等的实现程度也有一个从低级到高级的发展历程。从根本上讲，尼尔森没有理解马克思、恩格斯所揭示的人类社会发展的规律，没有真正理解历史唯物主义。他只求以逻辑上自洽的方式建构其激进平等思想，没有站在人类社会发展史的高度来思考平等问题，导致其在某些方面滑向了历史唯心主义的泥潭。

---

① 《马克思恩格斯全集》第20卷，人民出版社1971年版，第117页。

第五章

尼尔森激进平等思想的当代意义及启示

尼尔森激进平等思想虽然存在诸多历史局限性，甚至带有乌托邦的色彩，但毕竟是基于当前的时代背景所进行的设计，是对当前资本主义不平等、不正义现象的一种理论回应，对当代依然有一些理论和实践的意义，给当代世界也留下了一些启示。下面将分别进行讨论。

一、当代意义

（一）构建了一种未来社会的平等理论

不管是当代资本主义思想家的平等理论还是西方社会主义理论家的平等理论，都是为当前社会提出和建构的平等理论，比如罗尔斯、德沃金、托马斯·斯坎伦（Thomas M. Scanlon）、迈克尔·沃尔泽（Michael Walser）等人的平等理论，就是为当前的资本主义社会所构建的平等理论，G.A. 柯亨、约翰·罗默（John Roemer）等人的平等理论是为当前社会主义社会所建构的平等理论。而尼尔森试图为未来社会（按照他的说法，至少是高度发达、民主的社会主义或者共产主义社会）所建构的一种平等理论，是一种崭新的理论建构。既是对资本主义现实社会不平等的无情控诉，也是对未来平等社会美好追求的心理写照；既是尼尔森对未来社会的理想与憧憬，也是全世界全人类的理想与憧憬。

尼尔森是当代西方马克思主义的重要代表人物，他对西方特别是北美地区的社会发展状况是了解的，对于资本主义社会内部存在的主要矛盾是了解的。近代以来，西方涌现的一些平等理论和反平等理论，包括古典平等主义，以尼采为代表的精英主义，以罗尔斯、德沃金为代表的自由平等主义，以及以诺齐克为代表的反平等主义，还有托马斯·斯坎伦、迈克尔·沃尔泽等人的平等思想等。不管是罗尔斯、诺齐克、德沃金还是柯亨，主要还是探讨当今这个时代的平等问题，很少涉及将来社会的平等问题，从这个层面来讲，尼尔森弥补了探讨未来社会平等问题的理论空白。

（二）发展马克思主义平等理论的一种尝试

尼尔森试图从马克思主义的视角对同时期的平等相关理论进行批判和借鉴。他的这种激进平等理论，在世界当代平等理论中独树一帜，丰富了近代西方马克思主义的平等理论，打开了人们思考平等问题的又一扇门，提供了人们思考平等问题的又一个视角。尼尔森成为西方马克思主义学者中又一个平等理论的重要贡献者。

尼尔森正是看到了资本主义世界的种种不平等带来的痛苦和罪恶，试图从制度设计的层面改变这一切，才有了激进平等主义。一百多年前的马克思、恩格斯对未来的社会，特别是共产主义社会并没有做出太多的设计。尼尔森为未来的社会做出了大胆的设计，这些设计触及的面之广前所未有。虽然这些设计未必都是科学合理的，但的确丰富了未来社会的平等理论，丰富了未来社会的正义理论。尼尔森吸收了马克思主义的一些历史唯物主义和辩证唯物主义的观点和方法，比如，经济基础决定上层建筑的观点，阶级终将消亡的观点等。按照马克思主义的理论、观点和方法来衡量尼尔森的激进平等主义，虽然存在一些缺陷，但是社会主义事业是一项崭新的事业，对于带有进步性并部分可取之处的理论，我们应该用开放和包容的眼光来看待。我们应该在马克思和恩格斯的平等理论的基础上，吸收西方马克思主义的进步理论和观点，为世界社会主义发展服务，为我国新时代中国特色社会主义服务。马克思主义是一种开放的发展的理论，开放性和发展性是马克思主义的重要特征。随着实践的发展和时代的变迁，马克思主义也在向前发展。对尼尔森的激进平等思想我们应该采取批判吸收的态度。

（三）为促进世界平等提供理论参考

首先有必要对我们所处的时代进行定位。如今我们所处的时代依然是一个资本主义占主导地位并向社会主义过渡的大时代。苏联解体和东欧剧变使得世界社会主义的发展遭受挫折，世界社会主义运动处于低潮时期。现在幸存的社会主义国家（中国、朝鲜、古巴、越南和老挝）在发展中受到资本主义的围追堵截，面临严峻的挑战。资本主义国家对第三世界国家进行资本输出，掠夺第三世界国家的资源和廉价劳动力。因此，破除国际政治经济旧秩序，建立国际政治经济新秩序的任务迫在眉睫。资本主义社会中资产阶级对无产阶级的剥削依然严重，无产阶级生活境况很糟糕。世界范围内的贫富差距在扩大，非洲等第三世界国家的大部分人民过着贫困的生活。减少南北差距，实现世界范围内更广泛的平等依然是目前全人类努力的方向。

不管是在现代资本主义国家，还是在社会主义国家，不受干涉的权利都是会受到限制和制止的。我们只能行使合作的平等关系权利，不然就会影响到他人的自由和权利。即便是激进平等主义能够实现的社会，人们所行使的也是合作的平等关系权利。尼尔森这种对权利的区分告诉我们，不能放纵那种不受限制的自由，基于平等的基础上的自由才是真正的自由，平等是实现自由的前提。不管在当今的资本主义社会还是社会主义社会，要实现社会公民最广泛的自由，必须建立在平等的合作关系权利基础上。当今世界的超级大国美国常以世界人权卫士自居，肆意干涉别国内政，在世界范围内推行霸权主义和强权政治。国家之间的不平等损害了许多国家和人民的自由。这一事实再次证明了平等是自由的基础和保障，平等和自由的相通相融性，证明了不受干涉的权利与平等是冲突的，表明了尼尔森关于平等与自由关系的理论有其合理性。柏拉图认为，人们只要按照自己的等级做自己该做的事情就是正义，罗尔斯主张不平等也可能是正义的。这些理论都无法真正解决世界所面临的不平等问题。尼尔森认为平等是正义的前提和首要之义，对推动建立一个更加平等的世界提供了理论参考。

整个资本主义世界存在着广泛而严重的不平等，这种不平等现状与世界经济社会发展的水平是不一致的。如何缩小甚至消弭这种不平等是摆在我们所有具有正义感的人面前的问题。不管是马克思还是尼尔森都主张通过社会主义革命，打破资本主义世界，在世界范围内建立社会主义。尼尔森的激进平等思想虽然带有乌托邦的色彩，但依然能给我们带来鼓舞，鼓励世界无产阶级和正义者们为世界的平等事业做出应有的贡献。我们需要有尼尔森这样的激进平等主义理论来提高世界人民的平等意识，激励一代又一代人为建立一个更加平等的世界而努力奋斗。

（四）为社会主义平等价值观的构建提供有益的借鉴

党的十八大明确提出，要倡导富强、民主、文明、和谐，倡导自由、平等、公正、法治，倡导爱国、敬业、诚信、友善，积极培育和践行社会主义核心价值观。“平等”是社会主义核心价值观的重要组成部分。没有“平等”，社会主义核心价值观是不完整的。

尼尔森认为平等是一个渐进过程，他所提出的“激进平等”需要人类经历长期的艰辛的努力才能实现。实际上，社会主义平等价值观的构建也是一个长期渐进的过程，不可能一蹴而就。平等的实现程度应该与生产力的发展水平成正比。

可以这样说，形式平等是实质平等的前提；过程平等是结果平等的前提；机会平等能为经济平等提供保障。尼尔森主张实质平等、经济平等和生活前景的平等。这抓住了平等的实质。从马克思主义的角度讲，实质平等只有在共产主义社会才能实现。经济平等才能带来最终的实质平等。虽然实质平等的实现还有很长的路要走，但却是人类奋斗的最终目标。

平等并不等于绝对平均主义。绝对平均主义扼杀了劳动者的生产积极性，是危害巨大的。尼尔森也反对绝对平均主义，主张有差别地满足人们的需要。所以构建社会主义平等价值观要旗帜鲜明地反对绝对平均主义。

平等与正义息息相关。尼尔森认为平等是正义的前提。构建社会主义核心价值观，既讲平等，也讲正义。“平等”之后紧跟“正义”，这表明平等与正义有实质的直接的关系。构建社会主义平等观应该和构建社会主义正义观结合起来。

二、当代启示

（一）平等的实现程度必须与生产力发展水平相适应

随着时代的发展，生产力水平的提高，人们的平等意识越发浓厚。马克思主义认为，在不同的生产力发展水平上，我们应该实现适时、适度的平等，有什么样的生产力发展水平，就有什么样的社会意识水平，就应该有什么样的平等与之相适应。尼尔森通过激进平等主义，把平等问题提升到了一个新的高度。正是因为生产力发展水平有了很大的提高，人们的思想觉悟才有了很大程度的提高，人们才更加重视平等问题。

不管是儿童、老人还是残疾人，他们都是我们社会的一分子，都应该得到平等的关注。每个社会成员，不论从事何种职业，什么样的出身背景，都应该得到平等的尊重。我们要让每个社会成员都获得平等的自尊和道德自主。这是马克思主义的题中应有之义，是尼尔森激进平等主义所追求的目标，也是社会主义的本质要求。

从整个世界来看，生产力发展水平有了显著的提高，工业革命以来，整个世界生产力发展迅猛，特别是当代社会，以信息技术为代表的科技革命，比如大数据、云计算和人工智能等技术，使得整个世界生产力发展水平显著提高，物质财富日益丰富，应该在世界范围内实现更广泛的平等。如果在生产力发展水平较低的情况下，人为地实现较高水平的平等，那是不切合实际的，也是注定会失败的；如果生产力发展到了一个较高的水平后，而不实现较高水平的平等，必然会遭到人民的反对，而且反对的声音会此起彼伏。如何把握这个度，是政治家，也是整个人类需要思考的问题。

（二）正确处理平等与自由、平等与正义的关系意义重大

尼尔森对平等与自由的关系论述对当今依然具有启发意义。他认为，平等和自由并不存在冲突。他把人们的权利分为合作的平等关系权利和不受干涉的权利。合作的平等关系权利是一种积极权利，不受干涉的权利是一种消极权利。我们应该享有的是一种合作的平等关系

权利，而非不受干涉的权利。当今世界，一些资本主义国家所宣扬的自由是一种不受干涉的自由，是以损害他人的自由为前提的。比如美国，常常以自由为幌子，干涉别国内政，高高在上，不把自己置于与他国平等的位置上。作为社会主义国家的中国必须警惕以美国为首的资本主义国家所宣扬的西方资产阶级自由化思潮。从个人层面来讲，个人在社会上只有尽到了应有的责任，才能享受应该享受的权利。常言道，王子犯法与庶民同罪，没有什么人是“铁帽子王”。一个国家、一个社会只有保障了人民的平等权利，人们才会获得更广泛的自由。只享受权利，不承担义务就是一种不平等。

尼尔森把平等作为正义的应有之义，实际上是把正义建立在平等的基础上。平等与公平、正义有千丝万缕的联系。公平要求以同样的方式对待所有人，实际上就是以平等的方式对待所有人。往往公平的，就是正义的。虽然在目前的生产力发展水平下，还不能实现高水平的平等，但是我们应该尽量实现高水平的平等，因为这直接关系到社会的公正。平等的实现水平与正义的实现水平直接相关。尽可能实现平等也是社会正义、社会公正的必然要求。

（三）实质平等是整个人类奋斗的目标

马克思主义认为，经济基础决定上层建筑，所以经济平等是平等问题的核心。尼尔森强调经济平等和生活前景的平等，这就抓住了平等的实质。经济平等是实现实质平等的基础。从某种角度来讲，经济平等就是实质平等。实质平等应该成为世界平等事业努力的方向。

尼尔森的激进平等主义强调实现人们总体生活前景的平等，强调平等的广泛性、实质性，是面向所有人的平等思想。尼尔森的激进平等思想虽然是为未来社会所建构的，但是未来是由无数个今天的人们辛勤努力造就的。尼尔森的激进平等理想不只是希望在一时一地得以实现，而是希望在全世界范围内能得以实现。这既体现了马克思主义关于世界是普遍联系的观点，也体现了世界各国和各国人民追求平等的呼声。尼尔森反复强调，激进平等主义是要在全世界、全人类实现的一种理论构想，关注每一个人，关注每一个人的发展。虽然《联合国宪章》等国际规章制度还只强调权利、机会、规则平等，但是人类世界总不会走出马克思所总结的人类社会发展规律，随着全球、全世界、全人类生产力的发展，无产阶级的阶级意识的觉醒，世界社会主义必然取得胜利，人类最终必然走向共产主义社会，全世界范围的平等终将得以实现。尼尔森的激进平等主义不仅要求利益和好处共享，而且还要求责任共担，比如全球大气污染治理，在这个问题上就要求全球各个国家共同负起责任。唯有如此，才能建成人类命运共同体。

马克思主义所要实现的最终目标是共产主义，实现人的全面发展，实现按需分配。尼尔森激进平等思想所要实现的目标是每个人都有平等的权利享受最广泛的基本自由和机会平等的总体制度体系，实现经济平等，尽可能满足每一个人的需要。虽然要实现共产主义社会还有很长的路要走，但共产主义的目标就像一座灯塔，一直指引着我们前进的道路。尼尔森所提出的实质平等也会一步一步地实现。尼尔森反对平均主义，认为激进平等主义不能搞平均主义，只能是平等满足各位社会成员的个性化的需要，注意社会成员需求的多样性和差异性。2021年8月17日，中共中央召开中央财经委员会第十次会议，会议指出："共同富裕是全体人民的富裕，是人民群众物质生活和精神生活都富裕，不是少数人的富裕，也不是整齐划一的平均主义，要分阶段促进共同富裕。”[①] 历史上太多的事实已经证明平均主义是没有出路的。共同富裕必须旗帜鲜明地反对平均主义。我国共同富裕目标的确立是实现共产主义社会目标的重要一步，也是实现实质平等的重要一步。

① 《习近平主持召开中央财经委员会第十次会议》，《金融会计》2021年第9期。

结　语

西方马克思主义是马克思主义在西方传播过程中形成的一个重要流派。对于西方马克思主义，我们批评较多，但是西方马克思主义的存在有其深刻的原因，有其存在的合理性。西方的马克思主义学者往往身处资本主义发展中心，对资本主义深层次的社会矛盾和社会状况有较为详细的了解。他们对资本主义、对马克思主义以及对社会现状的认识和反思应该成为我们了解西方世界的窗口，应该成为我们批判借鉴和反思的对象。其实，西方马克思主义思潮里面，也不乏一些真知灼见，值得我们消化吸收。现当代西方马克思主义学者中有很多研究公平、平等和正义的，其中尼尔森就是其佼佼者。研究西方马克思主义关于平等的问题，着眼点还在于回归马克思自身的文本、回归马克思自身的理论。

其实马克思在《资本论》中表述得很清楚，资本主义生产关系决定了资本主义社会是不可能实现实质平等的，即便是有平等，那也只是形式平等。只有通过生产力的进一步发展，对资本主义生产关系进行根本性的变革，才能最终实现真正的平等。资本主义生产关系的变革必须依靠生产力的发展，必须依靠工人阶级阶级意识的觉醒，必须依靠工人阶级的革命运动，改变资本主义的生产方式，建立社会主义制度，解决资本主义生产的社会化与生产资料的私人占有之间的矛盾。

平等是一个过程的产物，是一个不断发展的过程，是从平等的较低形式到较高形式的转化过程。“无论哪一个社会形态，在它所能容纳的全部生产力发挥出来以前，是决不会灭亡的；而新的更高的生产关系，在它的物质存在条件在旧社会的胎胞里成熟以前，是决不会出现的。”① 恩格斯这句话表明平等的实现程度是与生产力发展的水平相一致的。有怎样的生产力发展水平，就会有怎样的平等。任何想要超越生产力发展水平，实现与当时生产力发展水平不相匹配的平等的愿望，都不会成功。“平等的观念，无论是以资产阶级的形式出现，还是以无产阶级的形式出现，本身都是一种历史的产物，这一观念的形成，需要一定的历史条件，而这种历史条件本身又以长期的以往的历史为前提。”② 不仅平等的观念是历史的产物，而且平等的实现程度也是历史的产物。平等是相对性与绝对性的统一。基于平等的相对性，我们相信当前平等的实现程度是建立在过去平等的实现水平和生产力发展水平基础上的，将来平等的实现水平是建立在现在的平等实现水平和生产力发展水平基础上的；基于平等的绝对性，我们相信我们的社会定会越来越趋于平等，平等的实现程度必将越来越高。

我国还处于社会主义初级阶段，并长期处于社会主义初级阶段，依然是以按劳分配为主体，多种分配方式并存。当前的生产力水平，还不足以实施按需分配，因此只能渐进式地一步一步实现更高水平的“平等”。尼尔森的激进平等思想与其说是一种理论构建，不如说是对未来社会的一种设计。这种构想的科学化程度，取决于他对历史唯物主义的认识和坚持程度。他的激进平等主义理论主要还是从“应该”的层面进行的设计，缺乏对历史进程的客观分析，缺乏在“事实判断”基础上的说服力、科学性和合理性，具有严重的主观主义的倾向。必须在实践的基础上，对当今社会（包括资本主义适合社会主义社会）

① 《马克思恩格斯选集》第2卷，人民出版社2012年版，第3页。

② 《马克思恩格斯选集》第3卷，人民出版社2012年版，第484—485页。

有全方位的了解，遵循历史唯物主义的研究方法和政治经济学的理论，才能建构起科学的、经得起历史检验的社会主义平等理论。

尼尔森作为西方激进左翼思潮的代表人物，看到了西方国家内部存在广泛的不平等现象，有浓烈的想要改变这一现状的渴望。他继承了马克思主义的批判意识，对罗尔斯、诺齐克等人的平等思想进行了批判。但是，“尼尔森根本无法解决无产阶级中的物化意识问题和对平等的疑惑与消极情绪，他只是从‘应该’的角度强调无产阶级要克服这些思想，而没有涉及对象的和客体的实践改造，没有真正找到无产阶级实现平等和自由的现实途径”。[①] 他对激进平等的实现条件，理想样态，平等与正义的关系，平等与自由的关系等方面的论述都具有进步意义，但是由于他没有准确把握人类社会发展的规律，高估了阶级意识和道德权威在促进平等方面的作用，最重要的是反思平衡的方法本身的缺陷，使得他陷入了历史唯心主义，他的激进平等思想表现出极大的局限性。

在建设中国特色社会主义和现代化强国的过程中，一方面要大胆吸收和借鉴西方优秀的理论成果，其中就包括西方马克思主义的一些新的观点和主张；另一方面，我们必须建立在准确理解马克思主义的基础上对非马克思主义的理论进行无情的批判。尼尔森作为西方马克思主义在加拿大的重要代表人物，其激进平等理论有重要的影响。

本研究的亮点在于以下几个方面：一是分析总结了尼尔森激进平等思想的主要观点和思想精髓；二是用站在历史唯物主义的视角，用马克思主义的尺子，量度了尼尔森激进平等思想的局限性和进步性，厘清了尼尔森激进平等思想局限性的根源；三是结合我们所处的时代，

① 黄继锋:《西方左翼学者的马克思主义观》，中国人民大学出版社2018年版，第436页。

结合我国社会主义现代化建设的实际，指出了尼尔森激进平等思想的现实意义。非常值得一提的是，通过本研究，找到了尼尔森激进平等思想“激进”的原因。第一，这种平等思想是为未来建构的平等思想；第二，这种平等思想是掺和了马克思主义因素的平等思想；第三，这种平等思想追求一种更大范围、更高层次的实质平等。由于尼尔森的著作和论文太多而能查阅的资料有限，可能还会遗漏尼尔森激进平等思想的一些核心的观点和看法；由于本人对辩证唯物主义和历史唯物主义的理解还有待提高，对尼尔森激进平等思想的批判和局限性的挖掘还不够；由于全面准确把握历史唯物主义的观点非常困难，尼尔森的激进平等思想（在坚持或偏离历史唯物主义方面）还可能存在另外一些进步性或局限性。发现这些尚待发掘的进步性和局限性构成了下一步研究的方向。

总之，通过本研究，希望为新时代中国特色社会主义、中国式现代化建设中的政策制定提供一点参考，希望为促进世界的平等和繁荣提供理论借鉴，希望为新时代如何正确坚持马克思主义提供独立的思考。我们坚信，世界向着更加平等的方向前进的趋势是无法逆转的。让我们一起张开双臂，拥抱一个更加平等的世界。

主要参考文献

一、经典著作和重要文献类

[1]《马克思恩格斯全集》第3卷，人民出版社2002年版。

[2]《马克思恩格斯全集》第20卷，人民出版社1971年版。

[3]《马克思恩格斯全集》第25卷，人民出版社2001年版。

[4]《马克思恩格斯全集》第26卷，人民出版社2014年版。

[5]《马克思恩格斯文集》第1卷，人民出版社2009年版。

[6]《马克思恩格斯选集》第1卷，人民出版社1995年版。

[7]《马克思恩格斯选集》第3卷，人民出版社2012年版。

[8]《马克思恩格斯选集》第4卷，人民出版社1995年版。

[9] 恩格斯:《反杜林论》，人民出版社2015年版。

[10]《列宁选集》第1卷，人民出版社1995年版。

[11]《毛泽东选集》第3卷，人民出版社1991年版。

[12] 胡锦涛:《坚定不移沿着中国特色社会主义道路前进，为全面建成小康社会而奋斗——在中国共产党第十八次全国代表大会上的报告》，人民出版社2012年版。

[13] 习近平:《在纪念马克思诞辰200周年大会上的讲话》，人民出版社2018年版。

[14] 习近平:《高举中国特色社会主义伟大旗帜　为全面建设社会主义现代化国家而团结奋斗》，人民出版社2022年版。

二、学术著作类

[1] 金良年:《论语译注》，上海古籍出版社2004年版。

[2] 康有为:《大同书》，吉林出版集团责任有限公司2017年版。

[3]〔美〕詹姆斯·P. 斯特巴:《实践中的道德》，陈炼等译，北京大学出版社2006年版。

[4] 吴纪先:《战后美国加拿大经济周期与危机》，中国社会科学出版社1991年版。

[5] 张鹏:《不可不知的加拿大史》，华中科技大学出版社2019年版。

[6] 段忠桥:《当代国外社会思潮》，中国人民大学出版社2010年版。

[7] 傅强:《凯·尼尔森激进平等主义正义观研究》，中央编译出版社2015年版。

[8]〔古希腊〕亚里士多德:《政治学》，吴寿彭译，商务印书馆1965年版。

[9] 姚大志:《平等》，中国社会科学出版社2017年版。

[10]〔法〕皮埃尔·勒鲁:《论平等》，王允道译，商务印书馆1988年版。

[11]〔法〕卢梭:《论人与人之间不平等的起因和基础》，李平沤译，商务印书馆2015年版。

[12] 罗会宇、章海强:《伦理学视域下反思平衡方法研究》，中国社会科学出版社2020年版。

[13]〔美〕R.W. 米勒:《分析马克思——道德、权力和历史》，

张伟译，高等教育出版社2009年版。

[14] 黄继锋：《西方左翼学者的马克思主义观》，中国人民大学出版社2018年版。

[15]〔法〕卢梭：《社会契约论》，李平沤译，商务印书馆2017年版。

[16]〔美〕罗伯特·诺齐克：《无政府、国家和乌托邦》，姚大志译，中国社会科学出版社2008年版。

[17]〔美〕约翰·罗尔斯：《作为公平的正义：正义新论》，姚大志译，中国社会科学出版社2011年版。

三、期刊论文类

[1] 段忠桥：《社会主义优于资本主义在于它更平等——科恩对社会主义的道德辩护》，《学术月刊》2011年第5期。

[2] 傅强：《凯·尼尔森：平等是目标和权利相统一》，《中国社会科学报》2018年7月18日。

[3] 傅强：《凯·尼尔森对机会平等和结果平等理论的互镜与兼顾》，《创新》2016年第5期。

[4] 傅强：《凯·尼尔森对精英主义政治哲学的剖析》，《中国社会科学报》2019年5月23日。

[5] 傅强：《凯·尼尔森激进平等主义产生的历史背景和价值旨趣》，《中共济南市委党校学报》2017年第5期。

[6] 傅强：《论尼尔森对〈哥达纲领批判〉的政治哲学解读》，《学术探索》2008年第4期。

[7] 傅强：《尼尔森论平等分配的成本》，《中国社会科学报》

2016年8月25日。

[8] 傅强:《平等、正义与历史唯物主义——凯·尼尔森对马克思正义观的阐释》,《理论探讨》2008年第6期。

[9] 傅强:《平等正义论对公平正义论的原则的互镜、批判与重建》,《大连干部学刊》2008年第11期。

[10] 余京华:《道德·正义·平等——凯·尼尔森对马克思历史唯物主义的研究及其当代启示》,《哲学动态》2010年第5期。

[11] 丁心悦:《凯·尼尔森平等主义正义观的特质与局限》,《天府新论》2021年第1期。

[12] 袁久红:《平等、正义与社会主义——略论尼尔森激进平等主义政治哲学》,《南京社会科学》2002年第3期。

[13] 潘宁:《当代资本主义社会基本矛盾表现形式的新发展》,《南通航运职业技术学院学报》2019年第1期。

[14] 赵林:《美国新左派运动述评》,《美国研究》1996年第2期。

[15] 秦海侠、周月英:《美国社会主义类型政党的功能分析》,《广州社会主义学院学报》2011年第4期。

[16] 王军、梁丹:《近百年来美国共产党的党员人数变化及其原因分析》,《当代世界与社会主义》2014年第6期。

[17] 文学平:《论应得与正义》,《学术界》2017年第7期。

[18] 陈云:《平等主义思潮及其反思》,《人民论坛》2020年第36期。

[19] 宋建丽、孔明安:《激进平等与后民主时代的政治——朗西埃的政治哲学思想解读》,《南京大学学报(哲学·人文科学·社会科学)》2016年第6期。

［20］李志江:《作为伦理学方法的反思平衡：意义与局限》,《科学·经济·社会》2006年第4期。

［21］邓超:《加拿大左翼政党的历史与现状》,《当代世界》2018年第11期。

［22］《习近平主持召开中央财经委员会第十次会议》,《金融会计》2021年第9期。

四、学位论文类

［1］张玉宝:《激进平等主义的正义何以可能》，吉林大学硕士学位论文，2017年。

［2］王岚:《凯·尼尔森正义思想研究》，西南大学硕士学位论文，2009年。

五、外文文献类

［1］Rodger Beehler, David Copp, and Bela Szabados. *On the track of Reason——Essays in Honor of Kai Nielsen*, Westview Press,1992.

［2］Kai Nielsen, *Marxism and the moral point of view*：*Morality, ideology, and historical materialism*, Westview Press, 1985.

［3］John Rawls, *A theory of Justice*, Cambridge, Belknap Press of Harvard University Press，1971.

［4］Kai Nielsen, *Equality and Liberty*：*A Defense of Radical Egalitarianism*, New Jersey, Roman&Allanheld,1985.

[5]Robert Nozick, ***Anarchy, State and Utopia***, Blackwell Publishers Ltd,1974.

[6]Iwao Hirose, ***Egalitarianism***, Routledge, 2015.

[7]Andrew Levine. ***Review***: ***Equality and Liberty***, Ethics 96,January 1981.

[8]Jonathan Friday. ***Moral Equality and the Foundations of Liberal Moral Theory***. The Journal of Value Inquiry, 2004(38).

[9]Shuart Hampshire, ***A Mew Philosophy of the Just Society***, New York Review of Books 24(February 1972).

[10]Charles Frankel, ***The New Egalitarianism and the Old***, Commentary 56, No.3(September1973).

[11]Ronald Dworkin, ***The Original Position***, University of Chicago Law Review 40, No.3(Spring 1973).

[12]Ronald Dworkin: ***Why Liberals Should Believe in Equality***, New York Review of Books(February 1983).

[13]James Rachels, ***"What People Deserve" in Justice and Economic Distribution***, eds. John Arthur and William H. Shaw (Englewood Cliffs,N.J.Prentice-Hall,1978).

[14]A.M.Honor é ,***"Property, Title and Redistribution" in Property, Profits and Economic Justice***, ed. Virginia Held(Belmont, Cal. Wadsworth Publishing,1980).

[15]Aaron Wildavsky, ***The Rise of Radical Egalitarianism and the Fall of Academic Standards***, Academic Questions, January, Volume 2; Issue 4, January, 1989.

[16]Mihailo Markovic, ***The Contemporary Marx*** (Nottingham,

England：Spokesman Books,1974), Chapter 7.

[17]Ralf Dahrendorf, *"On the Origin of Social Inequality" in Philosophy, Politics and Society*：*Second Series*, eds. Peter Laslert and W. G. Runciman (Oxford：Basil Blackwell, 1962).

[18]Steven Lukes, *"Socialism and Equality," in The Socialist Idea*, eds. Leszek Kolakowski and Stuart Hampshire (London：Weidenfeld and Nicolson, 1974).

[19]David A.J.Richards, "*Jutice and Equality*," in Tom Regan and Donald VanDeVeer (eds.), *And Justice for All* (Totowa. N.J.Rowman&Littlefield,1982).

[20]Noman Daniels, *"Meritocracy" in Justice and Economic Distribution*, eds. John and Williams H.Shaw (Englewood Cliffs, N.J.Prentice-Hall,1978).

后　记

五年半的博士生涯，实属不易，必将成为人生中不可磨灭的记忆。太多的辛酸苦辣，让我对人生，对人性有了更多的理解和感悟。在此，要感谢这些年来帮助过我的每个人。

自2014年开始，我先后考过华中师范大学、南京师范大学、复旦大学、上海财经大学、西南大学等高校。终于在2016年，有幸考入了西南大学。能踏入享誉西南地区的西南大学的大门攻读博士学位，是我一生的幸运。首先要感谢的是尊敬的导师孙道进教授，感谢您给予了我追逐人生梦想的机会。机会是多么地来之不易，只有自己才知晓。刚上您的课，您就教导我们必须要多读原著，少读二手三手的文献。您对原著的理解所产生的问题意识，让我深受启发；您的课堂总是充满激情和感染力，我由衷钦佩，值得永远学习。博士论文从选题、开题，到预答辩，再到答辩，无不凝结着您的心血和汗水，离不开您的悉心指导；小论文的写作，您也给予了至关重要的建议。在此向您致以崇高的敬意，师恩永生不忘。

来到西南大学之前，从没想过攻读博士学位那么困难，来了之后才知道自己面临诸多困难，首先是跨专业，原本学习英语专业的我哲学方面的基础非常薄弱，夯实专业基础耗费了我大量的时间；其次是父母年事甚高，我无暇照顾，家庭经济和照顾孩子的重担完全落在了爱人一个人身上。

其次要感谢我的家人，正是在你们的支持下，我才熬过了一个又一个的寒冬。特别要感谢的是我的妻子周光洪女士，你含辛茹苦，又当爹，又当妈，一边上班，一边把孩子抚养长大。我来西南大学时，儿子还在上幼儿园，现在儿子已经上五年级了。这几年，整个家庭的重担你一个人扛，承受了太多。母亲生我的时候，已经45岁，我来读博的时候，父母都年近八旬，一直没有尽到照顾父母的责任。2020年，母亲因心衰多次住院，在彭水县人民医院住院三次，在鹿角镇医院住院六次。母亲从病重开始的大半年时间，主要由我哥和两个姐姐照顾，我忙于学业，照顾他们的时间甚少。在深感惭愧和歉意之余，要对我的哥哥姐姐深深道一声感谢。在母亲重病期间，我无心学习，寝食难安。这段时间刚好新冠疫情肆虐，出入校门也没那么方便。奔波于学校和彭水老家的两点一线，出入校门也让我绞尽脑汁。2021年1月17日，母亲去世，享年83岁，我无限地悲痛，按照家乡风俗办完丧事，又回到学校，化悲痛为力量，继续学业。由于父亲年事已高，行动不便，多病缠身，2021年春节后，我把父亲接到了西南大学，在西师街租了一套房子，亲自照顾他的饮食起居，每天除了学习和写论文，还得给父亲买菜、打饭，这样的日子坚持了半年。8月初，父亲回到老家，到哥哥家里住，给了我大量时间去学习研究。

再则要感谢在读博期间给我上过课和指导过论文写作的老师们。感谢吴建国老师，不管是对我们专业课程的学习，还是对论文的写作，都非常上心。您参与了我论文写作的全过程，做了全程指导。您的理工科思维为我的论文写作提供了重要的思路。还有马哲团队里的李勇强老师，给予了我很大的帮助，在此一并表示感谢！对我的论文写作提供重要意见的老师和教授们，在此也深表感谢，首先感谢论文开题委员会的成员崔平教授、倪志安教授、胡刘教授、何玲玲教授、黄其洪教授，崔平老师的药方非常奏效；其次感谢论文预答辩委员会的孔庆茵教授、黄其洪教授、吴建国教授、时显群教授和张丽教授；特别要感谢论文答辩委员会的蒋英州教授、韩云波教授、孔庆茵教授、吴建国教授、张丽教授、陶林教授、郭美云教授。你们为我的论文提出了宝贵的意见和建议，让我的论文得以丰富和完善臻于成熟。蒋英州教授对我的论文修改作了十分重要的指导，在此深表谢意！

在读博路上，师兄、师姐、师弟、师妹们在学习和生活上给了我莫大的关心和帮助。周宇航，做了四年半的师兄弟，半年的室友，给我提供了诸多帮助。刁亚红，是师姐，也是比我小的妹妹，在毕业季，不管是材料的上交，还是论文的写作与修改，合作与鼓励并存。感谢房香荣、杨兴英、周在娟、陈彦林、李蕙岚这几位师兄师姐的关心，感谢刘治恒、杨发军同级师兄弟的支持，庆幸有缘与肖玉、邓莹、单爱玲、苏继月、陈立伟等几位成为师兄弟。张琳、陈慧芯、熊仕刚、罗梦、赵娟、彭星燕、金万鹏、朱海燕、刘鸿、刘俊聪、鲁鹏、罗坚、陈珊、李琳等硕士师弟师妹，有幸与你们走过一程。还有自习室的小伙伴们，夏璐、刘明元、张玉志、金世艺、包彦征、雷康华、张茜、谭雪叶、周碧雯、张达炜、邓雪梅、黄文琴、陆灵鹏、侯丽萍、张江宜、孙琴等，与你们一起讨论学术、讨论生活的画面总是挥之不去。在西南大学的五年半时间里，结识了很多老师和朋友，将成为此生一笔巨大的财富。

另外，要感谢西南大学对我们博士生的支持。大学的殷铭老师和汪全洲老师，你们的服务态度值得每一位同学称赞。感谢王春丽博士，经您介绍，让我在重庆人文科技学院政法学院获得兼职教师岗位，缓解了我的生活压力；感谢重庆人文科技学院的龚继娟老师，经您推荐，在重庆人文科技学院马克思主义学院也获得了兼职的机会。自2019年在重庆人文科技学院马克思主义学院兼职以来，这些工作经历不但丰富了我思政课的教学经验，也让我获得了可观的经济收入，使我不至于挨冻受饿。因为有这么多人默默地支持我，在寒冷的冬天六点起床，顶着凛冽的寒风去合川上课，却从不觉得辛苦。马克思和恩格斯的友谊为世人所景仰，慕文兄对我的关心和帮助值得终身铭记，“兄弟，经济上有什么困难，放心地找我。”正是你的慷慨资助，让我顺利完成了学业，你我兄弟情谊弥足珍贵。前进路上虽困难重重，我一直以强大的内心、宽容的态度微笑面对。

西南大学的校园实在太美。春天，洁白的玉兰香气袭人；秋天，金黄的银杏树叶纷纷扬扬，留下了我的韶华和记忆。校园生活终将结束，走入社会，我定把这五年半所学运用于将来的工作岗位上，服务社会，为新时代中国特色社会主义建设贡献自己的绵薄之力。

李金刚